本书受北京市教委科研计划一般项目（项目编号：SM201711232003）
和北京市社会科学基金一般项目（项目编号：16G□□□□□）资□

U0503351

创业知识及其获取方式
与创业阶段的动态匹配研究

Research on the Dynamic Fit Between the Entrepreneurial Knowledge
and Its Acquisition Mode and Entrepreneurial Stage

姜 雨◎著

经济管理出版社
ECONOMY & MANAGEMENT PUBLISHING HOUSE

图书在版编目（CIP）数据

创业知识及其获取方式与创业阶段的动态匹配研究/姜雨著．—北京：经济管理出版社，
2022.12

ISBN 978-7-5096-8746-8

Ⅰ.①创…　Ⅱ.①姜…　Ⅲ.①创业—研究　Ⅳ.①F241.4

中国版本图书馆 CIP 数据核字（2022）第 187132 号

组稿编辑：梁植睿
责任编辑：梁植睿
责任印制：许　艳
责任校对：王淑卿

出版发行：经济管理出版社
　　　　　（北京市海淀区北蜂窝 8 号中雅大厦 A 座 11 层　100038）
网　　址：www. E-mp. com. cn
电　　话：（010）51915602
印　　刷：唐山玺诚印务有限公司
经　　销：新华书店
开　　本：720mm×1000mm/16
印　　张：9.75
字　　数：137 千字
版　　次：2022 年 12 月第 1 版　　2022 年 12 月第 1 次印刷
书　　号：ISBN 978-7-5096-8746-8
定　　价：68.00 元

前　言

在知识经济背景下，创业知识是新企业创立及发展的必需资源，也是创业成功的关键要素。本书以创业知识及其获取方式与创业阶段的动态匹配为主题，系统探讨了创业知识的特征、内容和功能，创业知识的获取方式，创业知识的来源，以及创业知识及其获取方式与创业阶段的动态匹配机理。

结合知识的通用属性和创业知识的专有性，本书将创业知识从内容上分为与机会识别相关的知识、功能导向型知识、战略导向型知识以及创业者自我知识。综观已有文献，创业知识的主要获取方式为教育培训、经验学习、认知学习和实践学习。教育培训是以讲授为主接受他人已有知识的学习方式；经验学习注重创业者对自身的直接体验进行知识转化；认知学习则强调通过观察、讨论和接受指导等方式获得有关他人的行为及结果的间接经验，并通过经验转化获得创业知识；实践学习则指出，在特定的情境中进行实践，不仅可以检验、修正已有知识、经验，还能够积累和创造知识。这四种常用的创业知识获取方式虽然在知识来源、获取过程、理论基础等方面区别明显，但是，它们并非完全独立，而是密切关联的。每种创业学习方式所获得的知识、所适用的情境等各不相同。

创业是一个持续的动态过程。借鉴已有研究成果，结合研究主题，本书将创业阶段划分为机会识别阶段、企业创立阶段和企业成长阶段。在机会识别阶段，创业者面临的主要任务为识别机会、生成创业设想、形成创业意愿；企业创立阶段是产出产品或服务，新企业实现运营；企业成长阶段则是制定战略、管理转型、全面创新。针对这些主要创业任务，创业者在机会识别阶段需要的主要是与市场和顾客相关的、有助于机会识别的知识，以及有关自我的知识，功能导向型知识的作用处于次要地位。在企业创立阶段，市场和顾客知识、自我知识，以及有关企业运营的功能导向型知识，是与本阶段创业任务主要相关的创业知识。在企业成长阶段，则主要包括市场和顾客知识、自我知识、功能导向型知识和战略导向型知识。

市场和顾客知识主要通过经验学习、认知学习和实践学习获取，教育培训则不是主要的获取方式。自我知识主要通过教育培训、经验学习和实践学习的方式获取，认知学习发挥辅助作用。功能导向型知识的主要获取方式是教育培训、经验学习、认知学习和实践学习，不过通过教育培训主要获取的是职能管理方面的一般原则、方法和常识，相关技能则不是这种方式的优势。战略导向型知识的主要获取方式是认知学习和实践学习。不过，认知学习主要作用于对他人战略定位及实施效果的借鉴，至于具体到本企业的战略分析、决策定位及实施则主要依靠实践学习。另外，教育培训和经验学习也能够发挥一定的间接作用。结合创业阶段、阶段任务、创业知识、获取方式、知识源头之间的对应关系，本书构建了创业知识及其获取方式与创业阶段的匹配关系模型。

教育培训在各个创业阶段的作用比较类似。不过，创业培训主要在机会识别和新企业创立阶段发挥作用，在企业成长阶段，专项的管理培训则因为能够带来一些新的理念和管理方法，而对创业者的创业知识获取发挥作用。经验学习在机会识别阶段和企业初创阶段的作用十分明显，而在成长期，经验学习的作用逐渐弱化。另外，经验转化为创业知识有两种模式：探索模式和利用模式。两者在知识原料来源、信息加工方式和学习效果方面各不相同，需要结合情境妥善选择运用。在各个创业阶段,基于关系网络的认知学习都很重要。不过,随着创业阶段的变化,创业者认知学习所依托的关系网络有所变化。实践学习主要作用于新企业创立和成长两个阶段。因为在机会识别阶段,新企业尚未建立,创业者尚未展开实质性的创业活动。

目　录

第一章　绪论

第一节　研究背景

理论和实践均已证明创业对于经济发展、结构调整、吸纳就业具有重要作用。美国硅谷是创业经济的典型代表，它以不足美国总人口1%的人口，创造了美国5%的GDP。与之类似，中关村——我国最大的创新创业经济区，也为北京的经济增长提供了30%以上的贡献。① 创业产生的大批中小企业，也逐渐成为世界经济、技术和社会发展的主动力。根据亚太经合组织（APEC）2011年的报告，中小创业企业占全球企业总数比重已经达到90%左右，雇用了全球近60%的劳动力。② 改革开放以来，我国中小微企业得到了迅猛发展，贡献巨大。截至2017年末，中小微企业（含个体工商户）占全部市场主体的比重超过90%，贡

---

① 引自：勒川．"中关村指数2021"发布，中关村示范区硬核引领 [J]．中关村，2022（1）：38-39．原文中为：中关村示范区贡献了北京地区产值的31.3%。

② 引自：2010 APEC Small and Medium Enterprises Ministerial Meeting Joint Ministerial Statement，ht-tp：//www. apec. org/Meeting-Papers/Ministerial-Statements/Small-and-Medium-Enterprise/2011_sme. apx。

献了 60% 以上的 GDP 和 50% 以上的税收，创造了全国 80% 以上的就业机会和 70% 以上的发明专利。① 而且，创业不仅令创业者实现自主就业，也为全社会提供了大量就业机会。有研究指出，一个机会型创业者，在企业创立当年能够吸纳大约 3 人就业，在未来五年，将可带动大约 6 人就业（张秀娥、徐雪娇，2019）。正因如此，世界各国都非常重视促进创业。

当前，我国经济发展进入新常态，发展方式创新力不足、产业结构不合理、产能过剩等问题堆积；同时，社会就业结构性矛盾突出、形势严峻，就更需要积极鼓励和推进创业活动，发挥其对经济、民生的促进作用。为此，党和各级政府以及社会各界高度重视创业促进工作。早在 2007 年，党的十七大就明确提出，要"实施扩大就业的发展战略，促进以创业带动就业"的总体部署。党的十八大承续着这一部署，并提出"加强职业技能培训，提升劳动者就业创业能力"和"加大创新创业人才培养支持力度"的具体促进措施；在创业主体上，则着重强调了"支持青年创业"。在 2012 年的《政府工作报告》中，明确指出了重点扶持的经济体——"就业容量大的服务业、创新型科技企业和小型微型企业"，以创造更多就业岗位，实现以创业带动就业。在 2015 年的《政府工作报告》中更提出，要推动"大众创业、万众创新"，希望通过充分调动千千万万个微观主体的活力，促进实现中国经济的提质、增效、升级。2017 年，党的十九大报告重点强调"激发和保护企业家精神，鼓励更多社会主体投身创新创业"，并着重指出"促进高校毕业生等青年群体、农民工多渠道就业创业"。在 2022 年党的二十大报告中，则主要强调"完善促进创业带动就业的保障制度，支持和规范发展新就业形态"。

在政策的大力促进下，我国的创业企业数量大幅增长，劳动力吸纳作用不断增强。从总量看，截至 2021 年底，全国登记在册的市场主体达到 1.54 亿户，同

---

① 引自中国人民银行行长易纲在 2018 年第十届陆家嘴论坛上发表的《关于改善小微企业金融服务的几个视角》演讲报告。

比增长11.1%；从增量看，2021年，我国新设市场主体2887.2万户，同比增长15.4%。党的十八大以来，市场主体总量已经比2012年底的5494.9万户增长了1.8倍，年均增长达到12.1%，全国日均新设企业由0.69万户持续增长到2021年的2.48万户。① 而且，我国创业企业提供就业岗位的能力正在逐步提高。根据《全球创业观察（GEM）2017/2018中国报告》，在2006年，只有20%的高成长型创业企业，能够提供6个以上的就业岗位，而40%以上的创业企业几乎不能提供就业岗位；但到了2017年，高成长型创业企业占比超过27%，不能提供就业岗位的创业企业仅占1.3%。2021年，全国创业孵化机构在孵企业和创业团队共吸纳就业498.32万人（其中应届高校毕业生50.1万人），同比增长3.5%。

与此同时，我国的创业环境也在不断改善。截至2021年底，全国各类创业孵化载体迅猛发展，数量已达15253家，其中，科技企业孵化器6227家，众创空间9026家，数量稳居全球第一。② 根据StartupBlink发布的《2020年全球创业生态系统指数报告》，全球100个主要经济体中，中国排名第14位，位居亚洲第一；全球城市排名中，中国有6座城市进入全球前50，其中北京和上海分列第6位和第10位。根据U. S. News网站公布的最新全球调查，在"2020年全球最佳创业国度"中，中国排名第3位。这些都表明，我国的整体创业生态较好。

与新企业数量大幅增长对应的就是新企业的高夭折率，国内外都是如此。美国劳工部劳动统计局2012年的统计数据显示，美国的新创企业中，仅有50%左右的企业能够存活5年以上，仅有1/3的企业生存时间超过10年。英国RSA保险集团2014年的分析报告则显示，英国55%的中小企业寿命不超过5年。我国的情况就更为严峻了，中小企业的寿命相对更短。根据普华永道会计师事务所发布的《2011年中国企业长期激励调研报告》显示，我国中小企业的平均寿命仅

① 引自：国家市场监督管理总局："稳"住市场主体构筑经济长期向好的基石［EB/OL］（2022-01-27）. https://baijiahao.baidu.com/s? id=1723108458583168203&wfr=spider&for=pc.

② 引自：中国创业孵化发展报告（2022）［R］.（2022-09-26）. http：//www.chinatorch.gov.cn/kjb/hjdt/202209/ba72e1e68bc946d7a80f48a8ab690bd6.shtml.

为 2.5 年；2013 年国家工商总局发布的 2000 年以来《全国内资企业生存时间分析报告》也显示，在中国，企业成立后 3~7 年是退出市场的高发期，59.1% 的企业寿命不超过 5 年①，中小企业平均寿命更是仅有 2.5 年②。可见，新创企业长期发展动力不足、生命周期短的问题不容忽视。

如果深究其原因，就会发现导致创业失败的诸多具体原因都可以在一定程度上归结为创业知识不足。许多研究表明，创业知识是新建企业所需的一种特殊资源，也是决定创业成功的关键要素（Tardieu，2003）。它能够提高创业者对创业环境的准确感知，激发潜在创业者的创业意向（Roxas，2008；Roxas，2014）和创业行为，促进其对创业机会进行识别和利用（Tardieu，2003），提升新企业的资源配置和经营管理效率，克服新企业的新生劣势（Politis，2005），促进竞争优势形成（Widding，2005）。不过有关创业知识的研究起步较晚，主要是创业学习研究的副产品，以致有关创业知识的定义尚未达成统一。

创业知识定义最早可以追溯到 Kirzner（1979），他认为创业知识是获取/配置信息、资源或一般知识的知识。此后学者们分别从各自的研究角度提出了创业知识的定义。Alvarez 和 Barney（2004）认为，创业知识是获取并配置资源（包括知识）以创造利润的知识。Politis（2005）认为，创业知识是创业者识别创业机会和管理新企业的知识。倪宁和杨玉红（2011）着重强调创业知识的创租性，认为创业知识是一种配置有创租潜力并从中获取经济收益的知识。这类定义是将创业的关键要素融入概念，从机会识别、资源获取的角度界定创业知识。另有学者从功能性角度界定创业知识。Widding（2005）定义的创业知识包括了产品、市场、组织和财务四个方面。Cope（2005）提出，创业知识应囊括创业者自身（如个人兴趣、目标等）、商业活动、创业环境和管理网络、新企业管理四个方

---

① 刘长忠. 报告称中国近五成内资企业生存时间不足 5 年［EB/OL］. 环球网，http：//politics. people. com. cn/n/2013/0730/c70731-22378633. html，2013-07-30.

② 刘兴国. 中国企业平均寿命为什么短［EB/OL］. 经济日报，http：//theory. hebnews. cn/2016-06/01/content_5540242. htm，2016-06-01.

面的知识。Roxas（2008）则系统地将创业知识划分为功能导向型知识和战略导向型知识。这类定义具化了创业知识的内容和功能，使不同类型的创业知识之间的逻辑关系更为清晰，从而为开展实证研究提供了支撑，同时，它们也弱化了创业知识与一般知识的区别与界限。综上所述，目前关于创业知识的概念和内涵尚未清晰化，不同学者提出的观点存在较大差异。这也将是本书研究的一个重要内容。

获得知识的重要途径就是学习。近年来，越来越多的学者（蔡莉、单标安，2013；Wang and Chugh，2014；张秀娥、徐雪娇，2019）涉足这个领域，创业学习逐渐成为创业学中的一个重要新兴议题。而且，随着研究成果的丰硕，创业学习已经包含了个人、团体和组织等多个层次的综合概念。本书研究的重点是个人学习，就是创业者作为学习活动的实施主体（张默、任声策，2018），如何通过教育培训、吸取经验、经营实践等方式不断获取、积累、转换、反思以及创造独特性或新颖性知识的过程（陈逢文等，2020）。

综观已有文献，创业知识的获取方式主要包括经验学习、认知学习、实践学习和教育培训。经验学习是将创业者自身积累的管理经验、产业经验和创业经验等直接体验，经过认知过程转化为创业知识（Politis，2005）；认知学习是通过观察、交流和接受指导等方式获取他人的成功和失败经验（Holcomb et al.，2009），再经过认知过程内化为创业知识指导自身的创业实践；实践学习则是在实践中结合具体情境，应用、验证已有知识，并对其进行修订、补充，甚至创造出新的创业知识；教育培训则是通过接受创业教育和专业培训获取创业知识。四种创业知识获取方式分别对应着不同的知识源头，经验学习主要转化的是创业者先前积累的直接经验，认知学习转化的是来自社会关系网络的他人经验，实践学习的源头是创业实践，教育培训吸收的是他人的成熟知识。另外，四种创业知识获取方式的优势和局限性，以及所能获取的创业知识类型也不同。

虽然，创业者拥有的不同类型经验是其关键隐性知识的重要来源（Politis，

2005），而且它们有利于创业者在不确定环境下和特定时间内做出决策（Sarasvathy，2001；Sarasvathy et al.，2007）。但是，先前经验对创业活动的影响并不总是积极的，因为环境的变革和创业活动的不确定性会影响先前经验的作用效果，而经验学习具有路径依赖性，容易造成"锁定"，所以过于依赖经验甚至会带来负面效应（Ucbasaran et al.，2010）。更为重要的是，知识并非经验，而只有将创业者的先前经验转化为可用于创业活动的创业知识才能积极地帮助创业（Politis，2005）。

认知学习强调关注他人的行为或结果，规避了不确定情境下过于依赖经验所产生的负面效应，因此对经验学习具有较大的互补作用。而且，许多行为甚至一些复杂性的行为，如商业谈判、企业的快速扩张行为等都可以通过观察他人加以学习获得。创业者观察模仿的对象主要来自其社会网络，因此，在整个创业过程中，认知学习都是创业者获取创业急需的知识（Minniti and Bygrave，2001）的重要学习方式。

实践学习更强调创业实践中进行反思的重要性（Lumpkin and Lichtenstein，2005）。通过反思，创业者能够质疑个人在行动前所思、所想以及所要做的事情与特定情境是否相符，这样才能通过创业实践纠正偏差。而且，创业活动具有较强的实践性和不可预知性，已有的知识体系难以与当前的创业情境持续匹配（单标安等，2014），需要通过"干中学"的方式来弥补其不足（蔡莉等，2012）。值得一提的是，这种方式往往能给创业者及新企业带来全新的知识，如新企业的管理制度或规则（Lumpkin and Lichtenstein，2005）。

教育培训是知识获取的通用方式，具有知识属性的创业知识也不例外。虽然，许多研究者从创业知识的隐性和情境性特征出发，否定或有意忽视这种获取方式。但是，有关创建新企业的关键知识和技能，特别是一些显性的创业知识更容易通过教育或培训的形式获取（Liñán and Chen，2009；Roxas，2014），如有关潜在的创业风险、创业资源需求等知识（De Tienne and Chandler，2004），以及创业程序和管理企业方面的相关知识。因此，教育和培训既可以提升创业者识别机会和运营新企业的能力，也可以增强他们的创业动机（Noel，2002）。陈文婷（2010）基于家族创业者的问卷调查结果也显示出正式教育在创业者知识获取中的强作用。

另外，需要注意的是，创业是一个动态、持续的发展过程，将其按照一定的标准划分为不同阶段，更有利于具体研究工作的展开。多数学者将其划分为创建阶段和成长阶段（Miller and Friesen，1983）。Koberg 等（1996）认为，在正式创建企业之前，还存在着准备创业的创业前阶段。Holt（1992）根据企业生命周期理论，将创业过程划分为四个阶段：创业前阶段、创业阶段、早期成长阶段及晚期成长阶段。近年来研究中采用较多的是 Reynolds 等（2005）的观点。再结合GEM 报告对创业阶段的时间节点的划分，可以将新企业的成长过程分为：机会识别阶段（酝酿期）、机会开发阶段（小于 3 个月）、企业成长阶段（小于 42 个月）、企业稳定阶段（大于 42 个月）。各阶段的创业活动、创业任务表现不同（Baron and Tang，2011）。创业前阶段，创业者活动主要是针对创业机会的识别和评估以及最初的资源整合（Baron and Tang，2011）等准备工作；创业阶段，创业者在遵守法律程序为新企业获得合法地位后，必须明确新企业的市场定位、产出产品（或服务）并推向市场；成长阶段，创业者要在确保新企业存活的情况下，处理资源与资本的使用、市场的变化等，并为企业建立专业完整的管理体系，提高企业内外部的效率。

综上所述，现有研究没有很好地解释创业知识的特有属性，往往基于自身的研究目的进行维度划分，缺乏针对性，从而无法从根本上说明创业知识对于创业活动的内在价值。而且，虽然有些研究中关注了经验学习、教育培训、认知学习、"干中学"等对创业知识的影响，但忽略了创业活动的动态性和不确定性特征，未能将创业知识与关键创业要素或任务相结合，从动态视角来揭示创业过程不同阶段需要的创业知识以及适宜的获取方式。因此，本书将在深入分析创业知识内涵、特征、功用的基础上，清晰地梳理各类创业知识及其获取方式和知识源头之间的对应关系，再结合创业企业不同发展阶段的关键创业活动和主要任务及其所需创业知识，分析创业知识及其获取方式与创业阶段的动态匹配关系。

第二节　研究内容

本书的研究依据有三个：①创业知识包含多种类型，不同类型知识的内涵和功用存在差异；②不同的创业知识不仅功用不同，还具有不同的知识特征，因此适宜不同的获取方式；③从创业概念到新企业创立及发展的不同创业阶段，主要的任务目标和创业活动持续变化，加上始终存在的风险和不确定性，因此需要不同的创业知识。

鉴于此，本书将以创业知识及其获取方式与创业阶段的动态匹配为研究主题，将各创业阶段的主要创业活动作为情境，系统地解决"创业知识是什么""创业知识从哪里来""创业知识如何获得"的问题。

具体的研究内容主要包括两个部分：

一、有关创业知识、知识获取方式、创业阶段的理论剖析

1. 界定创业知识的本质内涵，厘清不同创业知识在创业活动中的实质功用

对于创业知识，一方面基于其对创业的特殊作用将之与一般知识区隔开来，另一方面充分考虑其本质上的知识特征。以此为前提，本书将界定创业知识的内容、特征和分类，并针对具体的创业知识，分析其对创业活动的作用机制和效果。

2. 分析与创业知识相匹配的获取方式

在知识获取过程中，知识的源头、特征、转移方式，以及获取者的个人特

征、环境中的支持和抑制因素等是影响其获取效果的重要因素。本书将全面分析经验学习、教育培训、认知学习、"干中学"等主要创业知识获取方式的影响因素和适用范围。

3. 厘清每个创业阶段的主要创业活动

采用科学的标准将创业过程划分为不同阶段并厘清各阶段的首要任务、重要的创业活动、所需的关键资源、有代表性的绩效表现。

二、创业知识及其获取方式与创业阶段的动态匹配理论模型构建

1. 创业知识及其获取方式与创业阶段的动态匹配机理研究

其主要回答为何匹配的问题。为此将深入分析创业知识与获取方式、创业知识与创业阶段的动态适配的原因及关系。

2. 创业知识及其获取方式与创业阶段的动态匹配机制

其主要回答如何匹配的问题。将系统分析知识获取过程中的支持和影响因素以及创业者个人影响因素，并提出促进创业过程各阶段的创业知识获取效果的具体措施。

第三节　研究视角的澄清

一、创业

创业概念起源于18世纪，发展至今已经涉及经济学、管理学、社会学、心理学等多个学科，也因此其自身含义尚未形成统一的共识。Schumpeter（1934）将创业定义为新产品、新工艺、新组织和新市场的组合，并且这些组合行为能够

为创业者和整个社会创造新的价值。这个概念强调创业的创新特征。Kirzner（1973）认为，创业是"正确地预测下一个不完全市场和不均衡现象在何处发生的套利行为与能力"。这个概念关注创业的行为层面。关于创业过程，Low 和MacMillan（1988）的概念最为简单，认为创业是新企业的创建过程。对此，Baron 和 Shane（2005）进行了进一步丰富，认为创业不仅包括抓住机遇创建新企业的过程，还包括企业创立之后的持续经营过程。Timmons（1999）则将创业概括为"一个发现和捕获机会并由此创造出新颖的产品、服务或实现其潜在价值的过程"。也有学者认为广义的创业活动还应包括企业内创业。

本书中的创业主要是指，从无到有新成立的企业，创业过程包括了机会识别以及新企业创立生成及运营成长。

另外，因为研究的主题限定，所以本书对创业及创业企业的类型不做划分。

二、知识

本书采用建构主义知识论，这种理论认为：知识不是对客观事实的忠实表征，而是人类创造性的产物，它是基于观察的判别；知识并非是客观和普遍性的，而是具有历史依存性和背景敏感性的。

另外，本书遵循 Kogut 和 Zander（1992）对知识的定义，认为知识中既包括"能够清楚表述的信息"，也包括"有助于人们更有效工作的技能和专长"。

三、创业学习

有关创业学习的研究存在个体和组织两个层次的分歧。比如，Popta（2002）将创业学习分为创业者个人学习和新企业的组织学习。付宏和肖建忠（2008）持有同样观点。

坚持从组织层次研究创业学习的学者认为，随着新企业的建立和发展，组织学习自然发展起来，仅以个体层面的创业学习将不能解释所有阶段的发展情况，因此应该将研究层面从个体向团队、组织逐渐过渡。本书认同上述观点，但是坚持将研究重点确定在创业者个人的创业学习上，为此，本书只研究成熟阶段以前的创业者创业学习。因为，创业企业发展到一定阶段后，就会呈现成熟组织特征，引入组织学习的理论，从组织层面研究如何学习更符合企业发展规律，也更有利于新企业绩效的提高（倪宁、王重鸣，2005）。

第四节　研究意义和创新点

一、研究意义

本书以创业知识及其获取方式与创业阶段的动态匹配为研究主题，通过深入的文献分析和理论探索建立理论模型和动态匹配机制。

为此，研究过程中将通过对创业知识、知识获取方式及创业阶段的相关文献的系统梳理和理论探索，对创业知识的内涵、分类和作用及其适宜的知识获取方式进行深入分析，并在此基础上结合不同创业阶段的主要目标和任务需求构建创业知识的动态获取模型。相关的研究成果可以弥补已有理论的不足，拓展和丰富相关研究领域，并为后续的创业知识研究奠定理论基础。同时，也可以从实践角度指导创业者根据所处创业阶段灵活运用不同的知识源和获取方式获得创业知识。

二、创新点

（1）创新的研究视角。相比创业学习、资源理论等相关研究，有关创业知识管理方面的研究较少，对于不同创业阶段下的创业知识的动态变化过程及其获取机制的研究更少。本书的研究成果将成为创业知识研究领域的前沿探索。

（2）创新的研究结论。现有研究没有很好地解释创业知识的特有属性，本书以与创业阶段相适配的角度界定创业知识，不仅更能反映其实质内涵，也很好地关注了其动态发展特性。

第二章　创业知识的特征、内容及作用

知识经济下，知识对企业的重要性毋庸置疑。它既是企业运营直接投入的关键资源，又能够充分发挥外部性，提高其他资源的使用效率，为企业创造更大的财富。而创业知识，作为一种直接作用于创业的专有知识，其对新企业创立、存活及发展的作用不止于此。创业知识有助于潜在的创业者识别创业机会（Politis，2005）并进行准确估值，准确感知创业环境并进行风险评估，有利于激发潜在创业者的创业意愿（Roxas，2008；Roxas，2014）和创业行为，促进其对创业机会进行开发利用（Tardieu，2003）。同时，能够提升新企业的资源配置和经营管理效率，克服新企业的新生劣势（Politis，2005），促进竞争优势的形成（Widding，2005）。因此，创业知识被认为是创业成功的关键要素（Tardieu，2003）。

本章首先深入分析知识的属性和生成过程，在此基础上分析创业知识的特征和内容维度，以及其在新企业创立及成长过程中的功能和作用。

第一节　知识的属性及其生成的形式化表达

"知识"一词最早来源于哲学领域，虽然已被广泛应用于经济学、管理学、信息学，但是其哲学认识层面的讨论尚未统一，至于其他领域就更难达成一致。Plato（1953）认为，知识是"经过判断的为真的信念"（justified true belief）。这个概念被普遍接受（Hunt，2003），也与本书对知识的看法一致。另外，这个概念符合建构主义（constructivism）认识论（Bodner，1986；Michael，1999）思想。建构主义知识论主张——知识不是对客观事实的忠实表征，它是基于观察的判别，是一种经由人类思维整理过的信息产物（邹济等，2022），因此，知识并非是客观和普遍性的，而是具有历史依存性和背景敏感性的。本节将依照建构主义的知识论，从知识的功用性、主观介入性和生成性来分析知识的生成及属性。

一、知识的属性

有关知识属性的讨论不可谓不丰富，本节立足建构主义下知识的生成过程探讨知识的功用性、主观性和派生性。

1. 知识的功用性

一些已有的知识定义和分类的研究成果揭示，某些知识是与人类的"特定主观目的"紧密相连的。Woolf（1990）认为，知识是"被组织和分析过的信息"，并能"用于解决问题"。Turban（1992）进一步提出，这样的信息"能被理解"或可"用于解决问题和决策"。Sveiby（2001）直接定义知识为"行动的能力"。Connell 等（2003）进一步指出，知识是"经过判断的个人化的信念"，它可以提高的是个体"采取有效行动的能力"。这些概念和定义突出了知识对于决策、行动能力的功用。推广开来，就会发现：在认知过程中，人们不仅需要通过识记动作来知道（knowing）某些知识，还要能够感知到这些知识的功用性，也即明确知识在哪个范围有用、有何种用途。只有这样，才能在需要的场合，从记忆中检索和调动出这些知识加以运用，而不是掩埋在记忆深处，等同于没有。因此，功用性成为一个重要的知识分类标准。比如，知识可以分为专门知识和一般知识（Schank and Abelson，1977），描述性知识和处方性知识（Stein，1989），抽象知识和应用知识（Lave and Wenger，1991）。若是进一步深入分析，就会发现上述这些知识分类依据的不是知识功用的大小，而是其功用的指向范围。

关于具体知识功用性的认知，是由主观判断生成的个体信念，这是新的知识，确切地说是策略性知识，也即"Know-How"类知识。比如，"某种能力与一定资源的匹配，将形成企业稳定的竞争优势"。这类知识可以表达为"手段-目标"的形式。与之对应的就是非策略性知识。两者的划分依据，也是知识的功用指向。策略性知识的功用指向为知识使用的效率，其功用性的大小表现为使用该知识所获得的超过机会成本的那部分收益。而非策略性知识的功用指向于知识使用的效果上，其功用性的大小表现为使用该知识所实现的最终价值。不同策略知识的指向性的清晰性和范围大小都不同，如有些策略知识（如抽象的博弈知识）的功用范围很宽，而有些策略知识（如宏观经济调整中的货币政策）就具体很多。可见，无论哪种知识，功用性都可以被用来刻画其独立属性。

2. 知识的主观性

Plato 有关知识的定义明确强调了知识生成中人的主观的介入，使知识成为一种信念，也令知识和信息截然分开。信息作为认知过程的输入原料，它可以是自然界的物理刺激，也可以是来自人类社会的人工产物，如符号、概念、逻辑关系、表达式等。但是，在它没有被接收者相信（believing）时，就只是信息。也就是说被传递的信息，可以被知道（knowing），却只有被接收者主观上相信并接受时，同样的内容才能转化为知识。这个主观判断并接受的过程就是人的主观介入。

不过，这里的相信，并非需要全然相信。除了完全相信和完全不相信两种极端状态外，人们的主观判断更可能是一个倾向。也即，若以 1 和 0 来分别表示完全相信和完全不相信两种状态的话，那么人们对某个信息的相信程度更可能是 0 到 1 之间连续区间中的一个数值。正如 Nonaka 和 Takeuchi（1995）所认为的"知识是判断个人信念趋于事实的动态人类过程"。这里的"趋于"，即可看作相信程度的表达；而动态，则彰显着这种主观相信的时间动态性。也就是说，随着时间的过去，这个相信的度会有所变化。这点不难理解。

3. 知识的派生性

Beckman（1997）认为，知识是"在面临实际任务、解决问题和具体执行之前，为决策、学习和教学而进行的对信息的推理"。Alonso（1997）也将知识看作一个过程，并且指出，借助这个过程，"现实在人的思维中得到了反映和呈现"。前两个对知识的定义，着重指出知识的动态生成特征，认为知识是个过程，并且这个过程能够产生新的知识。与之相比，Plato 的概念就可被看作知识在某个时点的状态，是动态过程中的一个横截面。很多学者接受这种观点，如 Nonaka 和 Takeuchi（1995）、Sowa（1984）等。这种动态生成观点能够很好地解释认知结构改变也是一种新知识。当外部的信息被个体所识别并被吸纳时会发生内化的心理过程，当新知识与原有认知结构相同，就被纳入原有认知结构，带来的只是数量上的变化，这个过程叫同化；若是新知识与原有知识结构不同，就会改变结构以适应新知识的容纳要求，这个过程叫顺应。同化过程下知识和认知结构的关系与液体和容器的关系等同，输入的液体的数量和种类不会影响容器的结构。但是，顺应发生的过程中，知识的输入带来的是质的变化，会影响认知结构，导致新知识产生。Atherton（2003）认为，有两类知识可以看作基础的元知识，一类来自对哲学知识的分析，另一类来自直接的经验。其他知识都是派生的。比如，在联想、推理的作用下，哲学知识和经验知识被联结在一起形成某种关系，在实践、认知、分析等过程中这种关系经受着检验，被修订或被认同，都会产生新知识。

另外，需要注意的是知识生成过程中的情境性。除了作为元知识的哲学知识外，其他知识都会带有现实的情境性，来自直接经验的元知识也不例外。而哲学知识也会在应用过程中，为提高与现实的适应度而结合情境，并派生出新的知识。结合特定情境的知识虽然降低了普适性，但它一定是与某个现实状态最匹配的，用于解决问题最有效的。而且，知识的情境性才是其功用精准指向的靶心，也是调整主观信心赋值的客观依据。

二、知识生成的形式化表达

基于建构主义下知识的属性，下面以策略知识为例，形式化表达出知识的生成过程。假如存在两个由元知识组成的集合 A 和集合 B。元知识是最原始的知识，正如上文所说的哲学知识或经验知识，其功用指向性低至极限（知识的功用指向范围不明或难以完全界定）、主观介入性也极低（不容去判断其真假）。集合 A 中包括了可以近似归为一类的 m 个元知识，集合 B 中包括了也可归为同类的 n 个元知识，经过必要的联想和推理，集合 A 中的某个知识元素 a_1 的功能指向了集合 B 中的知识元素 b_j，建立起了联系，形成了一个命题，将其表达为 $P_{(a_1 \to b_j)}$。"→"表示其间的逻辑关系，如"有 a_1 则有 b_j"，这就构成了一个"手段-目标"的策略知识。推而广之，集合 A 和集合 B 之间可以生成多个命题，其矩阵可以表达为式（2-1）。

命题矩阵：

$$P_{(A \to B)} = \begin{bmatrix} a_1b_1 & \cdots & a_1b_n \\ \vdots & \ddots & \vdots \\ a_mb_1 & \cdots & a_mb_n \end{bmatrix} \qquad (2-1)$$

命题的表达式为：

$$\text{如果 } A = \begin{bmatrix} a_1 \\ \vdots \\ a_m \end{bmatrix}, \text{ 则 } B = \begin{bmatrix} b_1 \\ \vdots \\ b_n \end{bmatrix} \qquad (2-2)$$

但这些命题并非都是知识，因为它未必会被相信，换句话说，如果没有主观的信心赋值，这些命题只是信息。现实中，除了明确的真假判断，还有在很多情况下，人们给予特定命题的只是一个相信的程度，即信心赋值。如果完全相信和完全不相信分别被赋值为 1 和 0 的话，那么这个信心赋值量化后可以是（0，1）区间的一个连续值。另外，人们对某个信息的主观相信程度会随时间动态变化，因此信心矩阵上还要加上时间变量以刻画不同时刻个体所认为的命题成立程度。以 $C_{t(A \to B)}$ 来表示对每个命题的相信程度，即有：

信心矩阵：

$$C_{t(A \to B)} = \begin{bmatrix} a_1 b_1 & \cdots & a_1 b_n \\ \vdots & \ddots & \vdots \\ a_m b_1 & \cdots & a_m b_n \end{bmatrix}_t \qquad (2-3)$$

至此，知识生成的矩阵表达式为：

$$K = A \to C_t \to B = \begin{bmatrix} a_1 \\ \vdots \\ a_m \end{bmatrix} \to C_t \to \begin{bmatrix} b_1 \\ \vdots \\ b_n \end{bmatrix} \qquad (2-4)$$

从式（2-4）中可以看出，知识包括命题矩阵和信心矩阵。新知识就是新的命题，以及针对特定命题信心赋值的变动。因为命题是经过联想和推理而获得的知识的联结，是对其知识功用性的主观定义。而对某个命题的信心赋值的变化则是个体结合已实施策略的结果，结合新入信息，经过复杂的心理加工过程，所做出的主观信任度上的调整。心理过程，以及时间动态性，意味着主观相信程度的变化是学习的结果，新知识随之产生。

第二节 创业知识的特征

创业知识本质上仍然是一种知识，必然具有知识所具备的通用属性，如第一节讨论的功用性、主观性和派生性。不过，创业知识直接作用于创业，是与特定的创业过程和创业任务密切相关的专有知识，因此与一般知识有所不同。在这三个通用属性上是否还具有独特性？本节将从知识属性出发，以此为依据厘清创业知识与一般知识的区别，并在此基础上提出创业知识的特征。

一、功用性与创业知识的内容特征

知识的功用性是指知识的具体作用，它是知识分类的一个重要标准。创业知识是直接作用于创业活动的知识，其功用具体体现是什么？学者们给出了不同的答案，概括起来有以下三个方面：

第一，创业知识有助于创业者建立新企业获取经济租。经济组织的产生、维持和发展都与经济租有关（Alvarez and Barney，2004）。创业的最终动因也是为了获得经济租。在公司理论中，经济租是指获得的超过所雇用资源机会成本部分的收益（Alvarez and Barney，2004）。从这点上说，创业知识应该具有创租能力，是一种能达到创租目的的知识（Roxas，2008）。由此，创业知识成为创业者用以寻租的手段，而目的就是"获取经济租"，这样，创业知识就成为一种可表达为"手段-目标"的策略知识。而且，创业知识中不仅本身包括了关于"如何做能够创造经济租"的成分，也包括如何利用其他知识生成经济租的策略知识。这部分有利于区分创业知识与一般性的具有创租潜力的知识，如专业知识。因为，它意味着创业知识还应该能够：①识别其他知识的价值的内容；②配置其他知识获取超额收益（倪宁，2006；倪宁、杨玉红，2011）。Kirzner（1979）用它解释，为什么看似缺少知识的创业者，却能通过雇用专家，利用其所掌握的丰富专业知识创造财富。当专家或者"未能识别自身所拥有的知识的全部价值（或者说市场价值）"，或者"不知道如何将这些知识转化为利润"的时候，他（她）更有可能接受创业者的雇佣。对这种创业知识的掌握，也构成了专家和创业者的区别。此时，创业知识的功能指向性就是整合这些知识并提高其效率。不过，这也需要前提，就是该知识确实要具有创租潜力，却由于条件限制价值受损，但限制解除后价值会得到释放；或者知识的价值被低估。这种能够整合创租潜力知识的策略知识的典型代表是商业模式知识。

第二，创业知识有助于创业者获取创立及运营新企业所需的关键要素，如创业机会、资源等。许多研究证明（Xiao and Tsui，2007），机会识别和资源获取是创业过程中必须解决的两个关键问题。因为，识别出具有潜在商业价值的机会是进行创业的前提，而开发任何的机会都需要创业者投入一定的时间和精力（Ravasi and Turati，2005），以及资金、材料等必要的资源。资源紧缺恰是新建企业的头号难题。Kirzner（1979）、Alvaraez 和 Busenitz（2001）认为，创业知识主要作用于资源获取，因为创业知识是关于资源的源头、获取方式和利用途径的知识，它有利于提高资源（包括知识）的配置和开发效率（Alvarez and Busenitz，2001），创造利润。Minniti 和 Bygrave（2001）、Politis（2005）、Corbett（2005）等则认为创业知识可以帮助创业者有效识别机会。创业知识有助于创业者敏锐地感知创业机会（Tardieu，2003），并对其中潜藏的价值和风险做出准确的判断，提高创业者对创业任务和困难掌控的自信水平，增强其创业意向。

第三，创业知识有利于增强创业者运营新企业的能力。按照 Kogut 和 Zander（1992）的说法，知识既包括"能够清楚表述的信息"，也包括"有助于人们更有效工作的技能和专长"。那么创业知识作为知识的一种，也不例外。Politis（2005）将创业知识分成两个部分，其中之一有关应对"新生劣势"，也就是管理新企业的知识。Young 和 Sexton（1997）认为，创业知识是新企业成长过程中，创业者（或创业团队）整合、运用的理论、技巧及智力，既涉及所从事的专业领域，也包括具体的管理职能领域。如果按照 Timmons 和 Spinelli（2004）的观点，将创业看作创业者（或创业团队）动态平衡机会开发和资源管理的过程，那么，既然机会与资源之间是相互作用并动态平衡的，创业知识就应该是能够促进机会开发和资源管理的信息和技能（蔡莉、郭润萍，2015）。

表 2-1 总结了经典概念中的创业知识的功用指向。

表 2-1　经典概念中的创业知识的功用指向

功用指向	代表学者	作用方式
促进经济租的获取	Roxas（2008）； 倪宁、杨玉红（2011）	配置其他知识尤其是专业知识，获取超额收益
提高资源获取及利用率	Kirzner（1979）； Alvarez 和 Busenitz（2001）	有关资源的来源、获取方式和配置的知识，有助于创业者提高资源的获取和配置效率，创造利润
促进机会识别及利用	Politis（2005）；Corbett（2005）； Holcomb 等（2009）； Minniti 和 Bygrave（2001）	创业者领悟先前实践经历，并转化经验而形成，能够帮助创业者识别创业机会并对其采取特定行动，产生差化绩效
增强新企业运营能力	Politis（2005）； 蔡莉、郭润萍（2015）	形成促进机会开发、资源管理和职能管理的具体技能、知识，帮助新企业克服"新生劣势"

资料来源：笔者根据相关文献整理。

二、主观性与创业知识的实践者特征

创业知识既然是一种知识，那么它也是经过个体判断和组织的系统化信息（Connell et al.，2003），也就是说，在创业知识的生成过程中包括个体的主观判断。创业知识的主观介入性能够很好地解释为什么创业者能够发现机会，并选择通过创立新企业将其商业化。

新古典经济学派认为，机会是客观存在的，并且每个人都拥有与机会相关的完全信息，是否创业主要在于个体不同的风险态度。奥地利学派则认为，机会是个体经过一系列的主动认知过程后形成的，是一个主观建构的过程。这就意味着，不是所有人都能发现机会，即便掌握相同信息的人也未必都能发现同样的机会。很明显，后者的思想与本书坚持的建构主义的认知论更为一致。

创业机会的本质特性意味着其不可能附带着足够的信息让创业者充分认知和理解，比如，尚未定义完全的产品概念、尚未验证的潜在需求、应用前景尚不明确的新技术等，这些潜在的机会在很多情况下只是一个粗糙的直觉，在其可行与能否创租之间，尚需对其背后的许多因果关系进行分析、评估和验证。在这样的高不确定性下，个体对创业机会的主观信心赋值就会直接影响到他（她）对机会的商业价值的判断，以及是否通过创立新企业进行开发的决策。举个例子说明主观信心赋值是如何影响创业决策的：某个拥有创租潜力知识的专家，与前文不同，他（她）不仅能够完全识别所拥有的知识的价值，而且具有将这些知识转化为利润的策略知识，那么，他（她）是否成为创业者，主要取决于自身对所拥有的知识的价值估值（记为 $V_{expertise}$）与其他人（具体指创业者）针对知识所出的报价（记为 $V_{entrepreneur}$）之间的比较。可能存在两种情况：①当 $V_{entrepreneur} > V_{expertise}$ 时，创业者对专家所拥有的知识的创租潜力估值，高于专家自己的价值，那么，专家会接受创业者雇佣，并让渡自身所拥有的创业知识换取创业者给付的报酬；②$V_{entrepreneur} \leqslant V_{expertise}$ 时，专家因为他人出价不高于自身的价值估值，因此决定自己成为创业者创建新企业，以最大化开发自身拥有的创租潜力知识的商业价值。

创业者的主观信心赋值是创业者的认知过程和认知决策的产物。按照决策理论，个体无法获取理性决策所需的完全信息，并且人的生物性也意味着决策时只能保持有限理性，因此，在复杂和不确定性较高的情境下，直观推断和偏见（heuristics and biases）就充当了简化决策的有效机制。从这个角度看，创业者群体在认知方式上具有一定的共性，并与其他群体，如职业经理人群体，有明显的系统差异（Mitchell et al.，2002）。具体体现在，决策时，创业者表现出更高的自负水平，更多地依靠直观推断，也更为相信小数法则。换句话说，面对不确定的情况，创业者普遍更为乐观，当别人关注于机会中的风险而踯躅不前时，创业者却更看重其中有利的方面，从而放大机会中的潜藏价值，形成创业意图。

三、派生性与创业知识的生成及获取方式特征

前面关于知识的派生属性和知识生成的形式化表达部分已经揭示，一方面，来自外界知识源的哲学（公理）、直接经验和外入命题等不断地刺激个体认知，个体在给予相应的信心赋值并形成新的知识后容纳到自身的知识体系中；另一方面，个体还会对已有的知识进行联想等认知操作，进而形成新的命题、产生新的知识。这种知识派生出新的知识的属性也适用于创业实践。

创业知识既是直接投入创业活动的关键资源，也是创业成功的关键要素（Tardieu，2003）。但是，很多研究都表明，许多最终获得成功的创业者，在创业初期却缺乏专门的创业知识和技巧。另外，创业是个持续、动态的过程，包括机会识别、资源获取、市场分析、产品生产、组织建构、销售回款等一系列活动，这其中包含着大量的决策活动。而创业情境的动态变化和高不确定性，则令这些决策问题难以在创业前被准确预见，也就是说任何人都无法在创业前准备充分的知识。针对上述两种情况，有一种解释比较合理，即创业过程中，创业者不仅需要调用已有的、可用的知识，还需要不断创造知识（Aldrich，2000）。

知识创造的过程分为两个方面：一方面，创业者将以往的经验和知识进行转化，形成创业知识，辅助创业决策，应对创业实践；另一方面，在创业实践中，通过亲身体验和不断反思来检验这些创业知识的准确性，并进行必要的补充、修订，甚至更新，产生新的创业知识。在摸索、试错的过程中，基于已有知识派生出新的知识，并契合地解决了创业实践问题。这个过程不断重复，支撑了创业活

动的滚动向前，保障了新企业的发展壮大。这个过程也揭示了创业知识的生成过程。其生成方式有两种，一种是经验的转化，另一种是实践中的学习，也即"干中学"。经验和实践就是创业知识的主要源头，这在 Reuber 和 Fischer（1999）看来，是创业知识明显区别于一般知识的重要特征。

基于创业知识的派生性以及具体的生成方式，衍生出创业知识的另一个特点：高度实践性。知识的实践性意味着，知识的情境特征明显，并对特定情境下的实践具有直接而具体的指导性。追溯到创业知识的源头，就更容易理解这个特点。源于创业实践的知识，是根据当时情境下具体问题解决时对有用的知识和技巧的总结，具有高度的情境依赖和实用性。而经验是个体在一定时空中与外界进行互动的既定事实。在谈论过去的经验时，人、事件和互动行为一般是与背景情境联系在一起的，这样才能更好地解释和理解当时的互动行为以及互动结果。而且，由经验转化的知识也通常在类似的情境下更具适用性。

另外，作为知识，创业知识一样具有时效性，并且因为高度实践性特征使创业知识的时效性增强。也就是说，时间、空间改变导致的情境变化，将使先前创业知识的有效性下降，甚至完全消失，因此，创业者要慎重分析面对的创业情境，准确应用已有创业知识，并通过学习保持对创业知识的更新。为此，Roxas（2014）认为，创业知识是对创业实践的理解。

值得一提的是，创业知识的派生性和实践性，增加了其自身的隐性和独特性，以及由此产生的难以模仿性，这正是企业关键资源和竞争优势的特点。因此，创业知识是企业竞争优势的重要组成部分。

第三节　创业知识的内容及作用

本节将详细分析创业知识的内容维度。学者们从各自的研究角度出发对创业知识所包含的内容维度进行了定义。Tardieu（2003）将创业知识分为关于机会识别、评价与利用的关联性知识（entrepreneurial knowledge of relevance）和可行性知识（entrepreneurial knowledge of feasibility）两大类。Widding（2005）将创业知识具体分为产品、市场、组织和财务四个方面。Cope（2005）的定义通常被认为最为全面，他认为创业知识包括自我知识、商业活动知识、创业环境和创业网络的知识、管理知识。Roxas（2008）将创业知识概括为功能导向型知识和战略导向型知识。Sardana 和 Kemmis（2010）将创业知识概括为基本的功能性知识、主导知识、企业知识、自身优势或劣势相关知识。单标安等（2015）在系统回顾了已有学者对创业知识内容的划分后，认为创业知识应该包括三类：与市场或顾客相关的知识、功能导向型知识和战略导向型知识。学者们对创业知识内容维度的经典定义如表2-2所示。

表 2-2　对创业知识内容维度的经典定义

代表学者	创业知识的内容维度
Minniti 和 Bygrave（2001）	有关所选市场的特定知识（技术、产品和特定行业等方面）；有关如何创业的知识
Tardieu（2003）	与机会识别、评价和利用相关的知识（销售知识、顾客反馈、竞争程度、价格知识、不同顾客偏好）和可行性知识（技术知识、管理知识、制度知识、地方环境知识）
Widding（2005）	产品知识、市场知识、组织知识、财务知识
Cope（2005）	关于创业者自身的知识，如自身优势与劣势、个人及家庭的需求、兴趣爱好和动机等；关于企业管理方面的知识，如企业的优势与劣势、机会与威胁、内部需求、成长需求、激励员工和未来发展方向等方面；关于外部环境和创业网络方面的知识，包括如何管理与现有和潜在顾客间的关系、如何最大化与咨询和服务机构之间的关系；关于如何管理小企业方面的知识，如运营和控制企业
Roxas（2008）	功能导向型创业知识（包括销售、市场、生产、人力资源管理、财务管理）和战略导向型创业知识（战略和竞争分析、成长管理、商业环境评价）
Sardana 和 Kemmis（2010）	一般职能知识（如财务知识、营销知识等）、专业知识（如技术性专业知识、商业性专业知识等）、创业技能知识（如应对创业挑战的方式、克服新企业进入缺陷的方式等）、创业者自身知识（如价值观、动机等）

续表

代表学者	创业知识的内容维度
单标安等 （2015）	第一类是与市场或顾客相关的知识，如市场需求、顾客偏好、市场竞争程度等方面的知识；第二类是功能导向型知识，如人力资源管理、财务管理、营销管理、生产管理等方面的知识；第三类是战略导向型知识，如市场竞争策略分析、营销策略分析、产品策略分析等方面的知识

资料来源：笔者根据相关文献整理。

本书认为，创业知识既然是直接作用于创业过程，并与创业活动密切相连的专有知识，那么从功能上说，就应该包括与新企业创立及运营相关，同时能够促进企业成长与持续经营的所有知识。因此借鉴已有研究成果，本书将创业知识从内容上划分为与创业机会识别相关的知识（Tardieu，2003）、功能导向型知识（Roxas，2008；单标安等，2015；单标安等，2017）、战略导向型知识（Roxas，2008；单标安等，2015）以及自我知识（Cope，2005；Sardana and Kemmis，2010）。

第一类：与创业机会识别相关的知识。主要是有关产业、市场、客户、技术和产品方面的知识（Minniti and Bygrave，2001；Tardieu，2003）。具体地说，产业知识，包括产业的发展现状、趋势及潜力，通用的运营模式和运作规律，现有的产业链条、关键资源和关键盈利点；市场知识，包括市场构成及容量，细分市场的需求满足情况；客户知识，包括客户群体的构成、消费习惯及购买力；技术知识，包括产业中的主导技术，现有技术水平及未来趋势，新技术、替代技术及配套技术的发展情况；产品知识，包括现有的产品种类、竞争力和占有率，产品的销售方式及渠道。

这些与特定产业相关的产业、市场、客户、产品和技术知识，能够有效促进创业者对机会的识别和开发。它们使创业者更加熟悉产业和市场，能够让他们敏感察觉出尚未满足的市场需求、被低估价值的产品、具有普及应用价值的新技术，这些正是具有创租潜力的创业机会，可以直接转化为新企业的目标市场、主营产品和主导技术，成为盈利点。这些知识也令创业者对产业、技术、需求的变化和发展更为敏感，在创业机会的市场适应性尚不明朗的情况下，准确解读其中可能包含的契机，准确评估新的科学发现和技术变革的潜在市场价值，并及时采取适宜的处理策略。

这些创业知识是新企业的关键资源，甚至直接决定着新企业能否创立成功和得以存活，也是构建企业竞争优势的关键要素（蔡莉等，2014）。

第二类：功能导向型知识。一般包括人力资源管理、财务管理、营销管理、生产管理等方面的基本原则、方法、框架、流程和技巧方面的知识（Roxas，2008；单标安等，2015）。这类知识有助于创业者制定出新创企业的营销、生产、财务、人力资源管理等职能工作的管理模式、制度、流程等，有利于推动新创企业管理工作的有效展开，提高其内部管理的规范性和效率，有助于尽快实现企业正常运营，进而增强利益相关者对新企业的认可，促进合法性的取得和绩效提升。

第三类：战略导向型知识。这类知识帮助创业者生成新企业的长期持续发展的战略规划，指导创业者进行核心能力和竞争优势的定位，并以此为根据获取战略资源，培育成长能力，进行战略决策，包括企业优势和劣势、面临的机会和挑战、适宜的竞争战略和竞争分析、内部需求（Cope，2005）、商业环境评价（Roxas，2008）等知识。

第四类：自我知识。这类知识可以帮助创业者对自身长处和不足有清楚的了解。这对于其在新创立及后期运营中如何界定自身位置非常重要。而且，对自身不足和优势的清楚把握，也能够促使创业者倚重团队（而非个人），并组建优势互补的管理团队。另外，关于自我的知识还能够帮助创业者提高自我效能。自我效能会直接影响到创业者的创业意愿，以及对创业知识的信心矩阵。Cope（2005）认为，有关自我的知识包括自身优势和劣势、发展方向、兴趣和目标等。Sardana 和 Kemmis（2010）强调了动机和价值观。

在机会发现和企业初创期，创业者的创业知识是新创企业的主要和关键的直接投入资源，也是包括知识在内的各种资源的聚合剂。进入成长期后，创业者的个人创业知识，如战略定位、分销渠道控制和维护、选聘员工标准和技巧等知识，一定程度上在企业成员之间共享，并经历了一定的实践检验，因此这些知识除了仍然直接作用于企业管理过程、影响企业的战略和运营决策外，还在一定范围内通过知识编码而固化成企业成员共同遵守的工作流程、规章制度和行为惯例，成为组织知识。在企业成熟期，这些创业知识在实践检验中被更新、沉淀，再经提炼，逐渐形成企业愿景、价值观、文化等组织知识的最核心和最深层的部分。

第三章　创业知识获取方式

知识与学习有着天然的联系，知识通常都是学习的产出。创业知识亦然，其获取方式主要依靠创业学习。创业学习研究开展不过十几年，尚属起步阶段，许多基本问题还有待探索和深入研究，对于创业学习的内涵学者们也未能达成共识。一部分研究成果认为创业学习是创造知识的过程，即创业学习是"创业者获取、积累、创造知识的过程"（Minniti and Bygrave，2001；Cope，2005；Hamilton，2011）；另一部分则从知识获取途径角度来解释创业学习，认为创业者可通过转化直接体验和观察他人行为所获得的经验的方式来学习和掌握创业知识（Cope，2003；Holcomb et al.，2009；Petkova，2009）。虽然这些结论有一定的分歧，但是，都将创业知识与创业学习联系起来，认同创业学习是创业知识获取的主要途径。

本章以创业知识获取为主题，在系统梳理了创业学习研究视角及相关研究成果、主要创业学习模型的基础上，重点讨论创业学习的四种主要方式。

第一节　创业学习的研究视角

创业学习能够以动态视角解释创业问题，有效地克服了静态特质论的不足，逐渐成为创业过程中的核心，而不是附加品，因此越来越受到国内外学者的关注。创业学习的内涵作为基本概念，学者们都从各自的研究角度和需要进行了诠释。

Deakins 和 Freel（1998）是最早提出创业学习概念的学者，他们认为创业学习是"创业者在创业过程中为提升网络化能力、总结经验、反思既往战略、认识认知失误、获取资源、吸收外部成员加入创业团队等而进行的学习"，这个概念明确了创业学习的任务，但是对学习过程的解释并不深刻。Holcomb 等（2009）认为，创业者通过直接体验或观察学习的方式获取新知识的过程就是创业学习。Cope（2005）认为，关键事件是创业学习的触发因素和催化剂。Minniti 和 Bygrave（2001）则认为，不仅要总结成功的经验，还要重视对失败的总结。Rae 和 Carswell（2001）认为，创业学习是个体在识别、开发创业机会以及创建和管理新企业的过程中重构新方法的过程，并且提出"学习是社会化过程"这个极具代表性的观点。目前，学者们尚未达成一致。这些定义体现着研究者的不同角度，因此有学者试着以研究视角进行归类。比如，陈燕妮（2013）、陈燕妮和王重鸣（2015）将已有创业学习研究的视角归类为认知、经验、网络、能力、动态；蔡莉等（2012）将其归纳为行为、认知和情境；谢雅萍等（2014）将其按照认知、经验、网络和能力视角进行梳理。本书认为，既然创业学习也是一种学习，因此适宜依据行为主义、认知主义、建构主义三个基本学习原理的视角对创业学习研究成果进行梳理。

一、基于行为主义学习理论的创业学习观

Gartner（1985）认为，深刻分析创业者在新企业创建过程中表现出的行为和态度有助于真正理解"创业者如何完成创业"等创业活动的本质问题。而且，创业者学习的行为特征明确。在整个创业过程中，由于创业环境和创业活动的动态变化和复杂多样，创业者必须积极学习应对不确定，因而学习行为无处不在，会通过观察、模仿、反思、实践各种方式，在与客户、供应商、员工的互动、合作中学习，在纠正错误、寻求机会、解决问题的过程中学习。有鉴于此，有学者将行为主义学习原理引入创业学习研究中。行为主义学习理论认为，个体会在某种刺激下做出应对反应，即引发某种行为，如果这种刺激反复出现就会成为强化物，促使相应的行为多次出现，进而使"刺激-反应"模式得以固化而习得某种行为。行为主义重点研究可观察的行为，强调"刺激-反应"，认为学习是亲历体验的结果。学习者会依据过去行为的结果及知识来改变、提高和调整后续的行为。如果个体发觉上次行为的效果很好（或坏），并且知道为什么好（或坏），就会据此调整学习计划，以取得更好的学习效果。也就是说，学习中的反馈非常重要。理论和实践均证明，如果行为得到正向反馈，就会被重复；如果得到负向反馈，就有可能在将来被避免。

借鉴行为学习理论，Smilor、Minniti、Bygrave、Petkova 等学者对创业学习进行了研究。Smilor（1997）认为，多次重复相同工作任务实际是提供了反复强化的机会，能让个体在获得完成工作的必备技巧的同时，逐渐掌握提高工作效率的技术诀窍。因为个体会根据之前的行为结果，也即经验，选择有利于成功的行为，抛弃不利的做法。Minniti 和 Bygrave（2001）提出了基于行为主义学习理论的动态创业学习模型。模型中，创业者亲历的"试错"经验，为其提供了总结成功经验和反思失败原因的机会，使之掌握了后续创业活动中如何重复既有成功行为以及规避错误的机制，借此提高了决策的效率以及行为的准确性。Petkova

（2009）也认为，创业学习是"一种试错过程"，并且将针对"错误"的处理的学习过程细分为发现错误、修正、认知结构更新三个阶段。表3-1列举了较为经典的行为视角的创业学习定义。

表3-1 行为视角的创业学习定义示例

研究者	行为视角的创业学习定义
Smilor（1997）	多次重复相同工作任务能让个体获得完成工作的必备技巧，逐渐掌握提高工作效率的技术诀窍
Sullivan（2000）	从不断试错中取得经验并得到提高的学习过程
Minniti 和 Bygrave（2001）	创业者基于过去的经验积累，保留有前景的选择，抛弃失败的选择，并据此更新他们的知识集合
Politis（2005）	创业学习是创业者基于自身直接经验持续地开发关于创建新企业及管理新企业所需知识的过程
Cope（2005）	创业学习是基于创业失败经验的学习
Petkova（2009）	创业学习是个"试错"过程，个体会在重复地完成既定任务的过程中找到最合适的执行方法，从而获取经验、积累知识

由此可见，行为主义学习理论的研究视角，强调创业学习过程中的直接体验、反复多次，而行动的结果就是刺激和引导学习行为的强化物，创业者借此掌握的获得成功和规避错误的行为就是学习成果。

基于行为主义学习理论的创业学习研究成果有利于帮助企业针对具体目标的成功和避错，建立起标准化流程，提高事务处理效率，而且，所形成的知识显性化程度较高，易于扩散为组织知识，全面增强整体的竞争力。

但是，创业活动的目标不明确、环境不确定、资源匮乏的特点，使工作任务的重复率和重复度不足以达到反复强化的标准，因而难以提炼出共性的有关如何成功和避错的共性行为，也不易判断可以运用的相似场合。而且，行为的效果也不好被准确评估，学习过程的反馈过程受阻，行为学习得不到强化。这些导致行为学习理论在创业学习中的有限适用。换句话说，相对于创业企业，行为学习方式可能更适合目标明确、结构稳定的成熟企业组织。另外，行为学习的视角更关注外在的强化以及"刺激-反应"下的被动行为变化，对学习发生的情境、学习者的内在心理和认知特征的影响并不关注。

二、基于认知主义学习理论的创业学习观

广义的认知科学包括多个学科，具体到学习问题上主要体现为信息处理理论。该理论以计算机的运作过程类比心智模型，重点分析学习者对知识的知觉、获取、存储以及提取和运用过程。基于认知视角的创业学习研究，将创业学习视为创业者通过意识、反思、联系和应用等心理活动过程（Mitchell et al.，2007），获取并生成创业知识的内部活动。也就是说，不同于行为学习视角下"刺激-反应"模式作用下的行为上的被动反应，认知视角下的创业学习是学习者吸收外部经验、信息和知识并通过顺应和同化的过程，将之内化为自身的认知结构的主动行为。正因如此，Politis（2005）把创业学习定义为以实现机会识别并克服企业"新入缺陷"为目的的一种经验学习过程。

认知学习的成果是认知结构的变化和更新。这种变化可能会导致学习者的潜在行为发生变化，但仅是可能，也许这种变化难以被察觉。毕竟认知学习主要作用于认知结构，而且，这种变化往往也是难以观察和量化的。但是，认知结构却会影响到学习者各种能力和观念的变化和重构，如分析归纳能力、推理联想能力等。而这些会对学习者的信息释义、行为模式、价值取向发生直接作用，进而影响其创业学习和创业行为及效果。因此，Politis（2005）认为，经验学习能力方面的显著差异，是导致创业者创业知识水平方面巨大差距的本质原因，也因此能够深入解析创业者经验的内在作用，也更有助于诠释创业者的生成机理和创业能力差异的原因。Rae（2000）认为，创业学习的目的是学习以创业的方式进行工作，这其中不仅包括外在的直接体验以及内在的自我反省，还包括一个构思未来并实现的过程。

至于知识的转换过程，Politis（2005）认为，可以按照对已有知识的处理方式的不同，将学习模式分为探索式学习和利用式学习。Corbett（2007）则将创业

机会的识别和开发看作阶段性的学习过程，依次历经计划、评估、选择、执行阶段，而提高学习效果以及机会开发效果的前提是，创业者需要依据自身的人力资本，在不同的阶段匹配不同的学习风格进行学习。

另外，因为需要心理和决策过程，所以创业者自身的个性、态度、情绪等认知因素会对创业学习过程产生作用和影响。Rae 和 Carswel（2001）分析了创业者的自我效能、动机等个性因素对创业学习的影响，强调自我效能对学习的促进作用。Mitchell 等（2007）则认为，工作努力、有热情、目标明确的个体会获得更多的知识。还有研究成果涉及情绪（Baron，2008）、直观推断（Holcomb et al.，2009）、个人学习偏好（Gabrielsson and Politis，2012）等认知因素对创业学习的影响作用。

强调学习者的认知主体地位，关注创业学习中的心理塑造过程，并据此分析了创业学习过程的影响因素，这些弥补了行为学习视角的一些局限。而且，以创业机会的识别和开发为创业学习过程的主要认知学习任务，使创业者与非创业者的认知过程得以清楚区分。但是，将心智模式化为计算机信息系统程序的认知视角自身的局限，使相关研究将重点放在了信息的处理过程上，却忽视了学习发生过程中的情境影响，没能对考虑情境影响的意义生成和知识转换深入研究，这是相关研究成果的一个缺憾。

表 3-2 列举了较为经典的认知视角的创业学习定义。

表 3-2　认知视角的创业学习定义示例

研究者	认知视角的创业学习定义
Richard 等（2004）	创业学习是对过去所发生的事情或案例及已有的知识进行回顾、分析总结、归纳和反思的过程
Mitchell 等（2007）	创业学习是创业过程各阶段所使用的知识结构，是认知和决策的过程
Holcomb 等（2009）	创业学习是个体通过直接经验、观察他人的行为及结果，感应当前面临情境的差异，联系先前结构，以获取、消化、组织和吸收新知识的过程

三、基于建构主义学习理论的创业学习观

建构主义是一种理论范式，其本体论认为，"人本质上是一种社会存在，人自身及其生活的世界均由社会关系建构"。而社会世界不同于自然世界，它是人工产物，是行为主体在自然世界基础上进行的有目的的互动和实践共同作用的产物。而且社会世界并非唯一给定，而是多个，因为它是个体由感知建构的，不同的建构过程自然会导致多个结果。建构主义学习理论认为，知识不是通过教师或他人的传授而被动接受的，而是学习者在一定情境下借助其他人的帮助，利用必要的学习资料通过意义的建构获得的。因此，"情境""协作""会话""意义建构"是建构主义学习理论的四大要素。

情境是指学习发生的社会文化背景。建构主义的重要分支——结构化理论（Structuration Theory）强调社会结构与行动主体的相互作用关系，指出主体创造和改造社会系统的同时，也受社会系统的限制和影响。这意味着情境不仅作为学习发生的背景限制和塑造着学习的过程和内容，从而影响着学习的最终成果，而且，因为学习主体的学习活动以及对学习成果的应用改变着学习情境，从而影响着后续的学习过程和结果。正因如此，情境不再仅是调节个体学习成果的影响因素，而是学习过程的必要组成部分，甚至是关键部分。协作和会话是建构主义学习过程中的促进因素，贯穿学习过程的始终。协作是指个体间通过合作共同完成学习任务，对学习资料的收集与分析、假设的提出与验证、学习成果的评价直至意义的最终建构都具有重要作用。会话是协作的必要环节，通过交流令合作更为顺畅，知识得以在群体中共享，进而实现意义建构。意义建构（Sense Making）是学习过程的最终目标，所建构的意义就是个体对于事物性质、规律以及事物间内在联系的认知。这是建构主义学习成果的最终体现。

建构主义视角下的创业学习研究十分关注学习发生的情境及其与创业学习的交互作用。创业情境主要指由人、文化、社会关系等相互作用营造的人文社会环

境（Rae，2006，2012）。比如，新创企业的关系网络，就包括客户、供应商、员工、同行等各种利益相关者。Rae 是最早研究创业者与社会情境之间的互动关系的学者，他认为创业学习的目的"不是简单地积累创业知识，而是通过融入特定的关系网络，实现意义的重新建构以及创业者的自我更新"。因此，创业学习是创业者通过每天的生活实践，逐步融入实践共同体的过程（Lave and Wenger，1991），从而在本质上成为一种社会化的实践活动。在创业学习过程中，这种情境一方面会因创业者的创业活动而变化，另一方面又束缚着创业者的行动。这使情境不再是一个单纯的学习发生地点或背景，更是由实践共同体中各个成员在合作互动中共同创建的知识创造和知识共享空间，它帮助创业者获取信息以识别创业机会（Angulo，2019），促进创业者的各种反思行为，也加速和引导着创业者理想抱负、人格特质、社会身份的形成、演化和最终实现（Rae，2005）。

表 3-3 列举了较为经典的建构主义视角的创业学习定义。

表 3-3　建构主义视角的创业学习定义示例

研究者	建构主义视角的创业学习定义
Rae（2006）	创业学习指通过创建、组织和管理新企业来识别和利用机会的学习
Hamilton（2011）	创业学习指发生在个人结成的关系网络中的互动，有效学习是一个社会化过程

四、三种创业学习观的比较

基于行为主义学习理论的创业学习研究认为，创业学习的本质在于基于以往"试错"经验的结果，积累形成有利成功的"刺激-反应"模式，以指导现在及未来的行为方式。基于认知主体学习理论的创业学习研究，则更注重研究创业学习中创业者主动吸收外部信息、知识，并通过同化和顺应过程来识别、改造和更新自身内在认知结构的过程。基于建构主义学习理论的创业学习研究则将学习看作个体在与特定情境的相互作用下，通过与他人的协作和会话完成的意义建构过程。三种研究视角的研究基点、角度和侧重点不同，因此对创业学习的本质、特征、任务、环境要求等都不尽相同。

行为学习认为创业学习收获的是"刺激-反应"模式下的最佳行为模式，认知学习认为学习成果是主动吸收外部信息后的认知结构的改变。虽然它们的结果体现有着内在与外在的本质不同，但是有一个共同点，那就是都认为学习成果是一致的、客观的，秉持着客观、主观截然分开的二元论。换句话说，行为模式也好，认知结构也罢，它们作为客观存在的创业知识都是独立于创业者个体而存在的，并不会因为创业者的不同而发生变化。而建构主义创业学习观则不同，它奉行的是一元论，对客观世界的真实性的探查并非目的，个体对客观世界的主观认知才是最终追求。不同个体的主观认知过程的不同，自然形成不同的意义建构结果。

另外，这种本体论上的区别又造成了三者在学习与情境的关系上的明显区别。行为学习理论强调创业学习中的"刺激-反应"联系，并且这种联系的建立是外在的强化的被动反应，而与创业者个体特征，如自信、动机等，以及学习所发生的外部情境因素的联系并不密切。认知理论倒是很重视学习中创业者的心理塑造过程，认同创业者个性因素的重要影响，但是情境因素依然不在考虑重点之内。与行为学习和认知学习对情境的不够关注不同，建构主义不仅关注创业学习的情境，还将之看作学习过程中不可忽略的重要影响因素，并且也是意义建构的对象。也就是说，过程中学习者是在对学习情境进行主观感知的基础上完成的意义建构，因此，学习成果中自是带有深刻的特定情境的烙印。而且，创业学习与创业情景存在着动态适应关系。也就是说，促成了创业学习与创业情境的动态适应关系。也就是说，创业学习并不是创业者对某个外部情境的被动反应，其目的也不是努力寻找某种固定的行为模式和认知结构来准确匹配客观情境。建构主义视角下的创业学习的重要功用在于，指导创业者如何以持续的、应需的、积极的行为和主动的认知去应对动态变化的创业情境。比如，创业者通过积极嵌入社会关系网络、组建创业团队、与内部成员协调互动等方式，有效降低了外在的不确定性，为新创企业营建了更有利于其生存和发展的情境。

对创业学习与创业情境间相互作用及动态适应关系的关注，也造成了建构主义创业学习观对创业学习任务和作用的定位与前两种创业学习观念的不同。如前所述，创业学习要指导创业者融入社会关系网络、营造良好的团体及团体氛围，这使创业学习对创业能力的提升的作用层面不仅是个体，更是团队甚至是组织。这点明显有别于行为学习和认知学习中对个体创业能力的关注。

因此，某种程度上可以认为建构主义创业学习观融合了行为主义和认知主义创业学习观，并以个体的外在行为和内在认知结构的提升，推动了团队，甚至组织成员价值观、行为方式与组织氛围等方面的同步与升级，最终使团队及组织整体创业能力增进。表3-4列示了三种创业学习观研究的比较。

表3-4　三种创业学习观研究的比较

类型	行为主义创业学习观	认知主义创业学习观	建构主义创业学习观
学习环境要求	目标明确、反馈结果易衡量	信息充分	团体性活动；鼓励积极互动的环境
学习特征	清晰的目标、反馈和强化	内含一个积极转换以及内化外部信息知识的过程，不是简单的消化、吸收	学习中与他人的积极互动、协作和沟通；学习经常发生在具有小同社会文化背景和先前经验的人们中间
学习本质	刺激-反应，行为变化	通过同化和顺应，将外部信息内化为自身认知模式	在实践中修正已有的信念和假设，同时对外部情境实现改造
适宜学习任务	整合已有经验，形成惯例、规范，改进行动效率	学习符号性知识；开发专有知识或技能；形成推理和联想，构建规划	隐性知识的开发；加速创新进程；形成高效、创新的群体协作系统
学习方式	以"试错"形成新的"刺激-反应"模式，指导未来行为	通过意识、反思、联系与应用，识别、改造和更新已有的认知结构	参加实践；个体融入群体并与群体互动；个体在与他人的协作、会话中完成意义建构

续表

类型	行为主义创业学习观	认知主义创业学习观	建构主义创业学习观
学习来源	创业者已有的或正在形成的适应机制	创业者已有知识与资源，以及对这些知识和资源系统化的处理能力	潜在的信念和现实规则的交互作用

资料来源：参考 Lumpkin 和 Lichtenstein（2005）的研究，有改动。转引自：周必彧 . 创业学习、创业自我效能与大学生创业导向研究 ［D］. 杭州：浙江工业大学博士学位论文，2015.

第二节　创业学习的主要模型

毫无疑问，创业学习包括哪些内容，创业学习是何时、如何发生的，创业学习的结果是什么等，这些最为基本的问题迫切需要深入探讨（蔡莉、单标安，2013）。为此，学者们也提出了一系列的创业学习模型。

一、Kolb 经验学习模型

Kolb（1984）提出了经验学习循环模型，这是经验学习领域较早出现的研究成果之一，影响力较大、应用范围较广，也是后续创业学习领域研究的重要理论基础。因此，在介绍创业学习模型时首先详细描述 Kolb 经验学习模型。

Kolb 认为，整个经验学习过程是一个由具体体验、反思观察、抽象概念和积极实践四个阶段组成的单向循环过程。具体体验为循环的起点，个体通过实际实践活动收获了具体的体验；这些体验形成了个体反思观察的基础，他（她）通过思考、提炼和总结，吸收了它们并将之内化为合乎逻辑的抽象概念；这些抽象概念对后续的具体实践形成了指导，同时又在实践中接受着检验，个体由此形成了新的直接体验，新的学习循环或螺旋开始。四个阶段闭合学习循环正是 Kolb

经验学习模型的核心。

另外，Kolb 认为，经验学习是个体通过获取、转化经验不断创造知识的过程，也就是说，包含着两个维度——获取（grasping）和转化（transformation），前者联系着经验，后者与知识衔接，即从何处获取经验和如何转化为知识。因此，模型中间纵向双向箭头分别指向的具体体验和抽象概念正是经验获取的两种方式，而横向双向箭头连接的反思观察和积极实践则是知识转化的两种方式。基于具体体验的经验获取方式，积累的是亲身参与实践活动所带来的直接体验和感受；抽象概念方式则通过思考和重新诠释抽象概念和先验知识获得新经验。反思观察是通过观察周围事物和内部反思自身的经验和想法形成新知识；积极实践则是指通过积极参与真实的实践不断地构建和积累经验性知识。Kolb 的循环经验学习四阶段模型如图 3-1 所示。

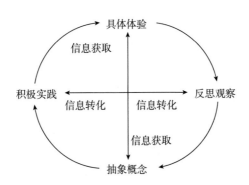

图 3-1　循环经验学习四阶段模型

不仅如此，因为经验获取和知识转化方式的两两配对可以形成四个组合，Kolb 就此分析出对应的四种学习风格，分别是发散型（divergent）、吸收型（assimilation）、收敛型（convergent）以及适应型（accommodative），如图 3-2 所示。

图 3-2 Kolb 的四种学习风格

四种学习风格对应着个体不同的行为偏好和导向要求,学习者可以根据个人擅长和习惯在具体与抽象、行动与反思之间自主选择。而且,在不同的情境下,综合采用四种学习风格更容易成功。

Kolb 的学习循环过程的成立,依赖于学习者个人的三个独立要素的有效作用:已有的知识和经验结构;感受和接收新体验、新知识;将新知识和新体验转化为新知识(Corbett,2007),整合了先验知识、感知、认知和经验等因素,能够很好地解释个体为何会以不同方式获取和转化经验;个体是如何整合现有知识的;这些行为何以形成了不同的机会识别和利用能力等(Corbett,2005)。而且,它成功区分了经验和知识,解决了之前研究中两者混淆不清的问题。

二、Politis 创业学习模型

Politis 认为,先前经验对创业学习具有重要作用,因此将 Kolb 的经验学习模型引入创业学习领域,并在创业情境下识别了创业学习过程中的三个关键:先验经验、转换过程和创业知识。Politis(2005)结合创业过程中要解决的问题认为,创业学习的任务应该分为两类:①学习如何识别或捕捉机会(Shane and Venkataraman,2000);②学习如何在组织和管理萌业(venture)时,克服那些因为"新"而带来的传统型"障碍"(liabilities of newness)(Aldrich,2000;Shepherd et al.,2000;Starr and Bygrave,1991)。正因如此,创业学习可以定义为通过学习以完成上述两项任务而不断积累创业知识的过程。而创业知识就是关于识别、转化机会，以及克服因为"新"产生的进入缺陷的知识。

不过虽然经验重要，但并不是什么经验都能转化为创业知识，促进企业新建和成长。Politis 分析认为三种经验对创业学习最为重要，可以转化成创业知识：①特定行业的从业经历；②管理经验；③创业经验。这些先前经验一方面可以让创业者拥有非亲历所不能掌握的创租知识和资源。前者可能是产品的利润空间、可能的市场；后者可能是可靠的供应商、稳定的客户资源。另一方面，这些先前经验有助于创业者形成良好的判断能力和认知结构，使之更擅长搜索特定信息（Fiet et al.，2000；Shane，2003）以及准确评估信息和资源的价值。

从先前经验到创业知识，还需要一个至关重要的转化过程。Politis 不认同 Kolb 模型中对转化过程的描述，认为 Kolb 对学习循环四个阶段的设定过于理想化，缺乏对学习过程中情境因素的关注。而个体的学习是嵌入特定的环境中的，创业学习的情境特征更为明显——应对不确定性。比如，Shane 和 Venkataraman（2000）发现，具有丰富直接经验的创业者往往将先前经验转化为个体的直观判断能力，以此形成应对未来突发事件的对比基础，另有一些学者也得出了类似的结论（Honig et al.，2005；Shepherd and De Tienne，2005；Ucbasaran et al.，2010）。也就是说，创业过程中的强大时间压力和高度不确定性使创业者难有充分的时间和精力将先前经验进行概念转化，甚至来不及深入思考，以致决策时或多或少地倾向于类比基础上的主观判断。这就意味着，其经验学习过程没有遵循学习循环的步骤依次经历四个阶段。因此，Politis 放弃四阶段学习循环模型，而是借鉴 March（1991）的转化逻辑，提出"探索"和"利用"两个经验转化模式。前者是指创业者充分有效利用已有的知识，采取与现有经验相同或相似的行为；后者强调开发新的知识，创业者采取的行为与先前经验存在着很大的差异，两种模式知识转化机制的不同，导致不同类型的创业知识得以产生：利用模式有助于创业者增加经验，从而能够更加有效地应对"因'新'而带来的困难"，或者说更容易克服所谓新企业所面对的传统障碍；而侧重探索模式则令创业者能够更加有效地识别和开发创业机会。

影响"转化过程"的因素包括：①以前创业的结果（成与败）；②占优势的逻辑或推理风格；③职业生涯倾向。如果创业者以往经历过多次创业失败，偏好于效果逻辑且具有不连续的职业取向，那么，他（她）往往会倾向于采取探索性的经验转换方式；如果创业者曾取得过多次创业成功，偏好于因果逻辑且具有连续的职业取向，那么，他们往往会采取利用性的经验转换方式（方世健、杨双雄，2010）。

这三个因素中的第一个代表了外在的影响因素，另两个则代表了创业者比较稳定的内在特质——认知方式和动机。三者的相互作用，能够有效地回答"创业者为什么采用探索模式（或者利用模式）"，以及"拥有同样先验经验的人，为什么有人发现了创业机会并创业成功，有人却没有"。

Politis（2005）的创业学习过程的概念模型如图3-3所示。

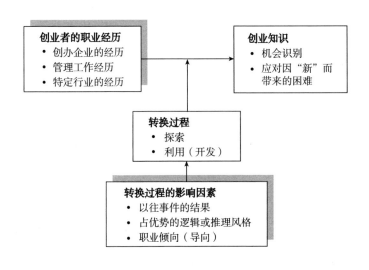

图 3-3 Politis 的创业学习过程的概念模型

三、Corbett 创业学习模型

以机会为核心的创业研究体系，为创业作为一个独立研究领域的合法性提供了重要支撑。Corbett（2005）也将创业学习看作作用于创业机会的开发和利用过程。同时，他认为，学习风格不同导致了个体不同的行为导向和偏好，由此习得的创业知识对创业机会的识别和发现会有不同的功效，因此创业者的学习风格与创业阶段相匹配很重要。Corbett 吸收了 Kolb 定义的收敛学习、吸收学习、发散学习、适应学习四种学习风格，并将之与创业机会识别和开发过程的不同阶段相匹配，构建如图 3-4 所示的创业学习模型，也即不对称学习模型。

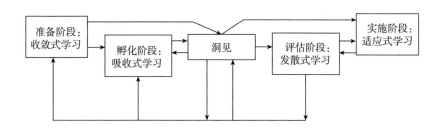

图 3-4　Corbett 的创业学习模型

在这个模型中，创业机会识别和转化过程被细分为准备阶段、孵化阶段、评估阶段和实施阶段，分别匹配以收敛式学习、吸收式学习、发散式学习、适应式学习。

具体地说，在机会识别的准备阶段，创业者通过对现有知识和经验进行仔细分析和探索可能的问题解决方案，能够为创业者增加识别和创造机会的数量；在孵化阶段则适宜以结合反思和观察，将分散化的知识整合起来进行吸收式学习，更有利于增强对机会的认知；评估阶段则通过综合采用体验、观察、设想等方式进行发散式学习，检验各种可能性，有助于获得最佳的创业机会开发方案；实施

阶段则应该通过直接实践执行计划，检验效果，及时修正，以适应现实情况进行机会开发。

Corbett（2007）从创业阶段与学习风格匹配角度探讨了创业学习对创业机会识别、开发的影响作用，使创业学习变成了一个可以控制的阶段性过程，在这个过程中，创业者在面对不同阶段的学习任务时，需要配合以不同的学习风格才能提高机会识别和开发的效率和效果，这进一步深化了 Kolb 的经验学习理论，也为创业机会研究提供了新的思路。

四、Holcomb 创业学习模型

Holcomb 等（2009）认为，创业者不仅可以通过直接经历、体验学习，还可以通过将经由观察他人的行动和结果获得的间接经验转化为创业知识，进行模仿学习（或称替代学习）。而且，无论直接经验还是间接经验都会影响甚至形成学习者的直觉判断（Heuristics）能力，而这种直觉判断会在创业者制定决策时产生影响，进而导致信息含义的不同解读、制定决策的差异化和不同创业结果。Holcomb 等（2009）构建的创业学习模型如图 3-5 所示。

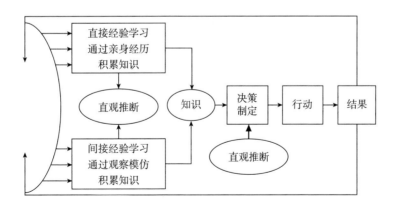

图 3-5　Holcomb 创业学习模型

Holcomb 创业学习模型的主要贡献就在于：①提出了可以通过间接经验获取创业知识；②学习者直觉判断的重要影响。

具体地说，Holcomb 认为，直接经验学习容易导致创业知识累积的路径依赖，并且令知识的重复性和相似性提高。在这点上，间接经验学习则可以成为直接经验学习的重要补充。一方面，间接经验学习通过增加信息源的方式拓宽了创业知识的产生路径、降低了路径依赖性；另一方面，在较低成本（相较于直接经验学习）的前提下为创业者积累尚未直接涉足的陌生领域的相关创业知识。

另外，Holcomb 等（2009）指出，与成熟企业的运营活动相比，创业活动面临的不确定性更大、决策效率要求更高，因此创业者不可能也没有能力对所有的直接体验和间接经验进行全面、充分的分析，而只能根据自身偏好对一些不确定的线索和结果进行联系和诠释，这就影响甚至形成了创业者的直觉判断能力。而这种直觉判断，会进一步影响创业者的决策制定以及后续的创业行为模式和结果。

这种直觉判断会影响、决定着创业者学习过程中对信息的关注偏好、内容解读、价值判断和功能定位，进而影响、决定着他（她）的创业知识转化过程和成果，是创业者个体所具有的极具区分度的认知特征，也是对创业情境高度不确定性的有效适应机制。从这个角度上讲，Holcomb 模型很好地弥补了 Kolb 模型和 Politis 模型对创业情境和创业者个体认识特征的忽略。

另外，直觉判断能够因此增强创业者在创业知识转化过程中对已有知识的路径依赖，从而减少知识的流失。而且因其具有随时间而变化的动态特征和随知识累积而逐渐增强的加速效应，而成为揭示创业学习行为特殊性规律的重要启示。

不过，需要注意的是，直觉判断在提高决策效率的同时，也可能形成偏见，更严重的还会导致决策失误。

五、Rae 创业学习模型

Rae（2000）将创业看作创业者在"未来我将成为什么样的人"的问题指引下，创造预期现实的过程。在这个过程中，创业学习贯穿始终，其作用在于提高创业能力，让创业者完成创业。创业者的广泛人生经历都会影响其创业学习过程和结果，因此创业学习包括创业前的早期生活阶段和早期职业生涯阶段，以及创业后的新企业创立、扩大和退出共五个阶段。创业学习并非单纯的个体行为，而是发生在一定的情境之中的社会化实践活动。创业者通过这样的实践活动与所处情境相互作用，身份发生着变化，并逐渐融入某个（些）实践共同体中。因此，Rae 认为创业学习是在个人及其社会背景、情境学习、共建企业三个因素的影响下产生的。

（1）个人及其社会背景。其中既包括早期的生活经历、家庭背景、教育履历、工作经验，也包括创业者的社会关系和未来抱负，这是创业者身份的产生来源，也是创业者界定身份、融入网络、获得社会认可的依据。

（2）情境学习。它是创业者在特定工作场景、关系网络中通过观察、实践、抽象、反思等行为建构出的根植于该情境的经历和关系的识别和获取机会的直觉与能力。

（3）共建企业。企业是以创业者为核心，与其他利益相关者共同构建形成的拥有共同利益和信念的联合体。在企业创立和运营过程中，创业者需要不断地与他人，如投资人、客户、供应商、员工，进行交换、合作、互动、影响。创业者根据需要进行角色转换并嵌入特定的关系网络。Rae 以三大要素及其下属的 11 个二级要素构建了创业学习模型，如图 3-6 所示。

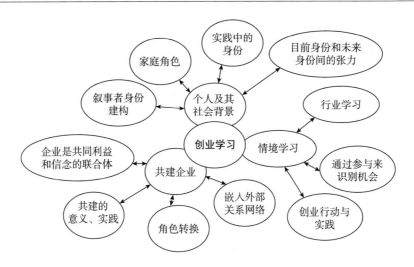

图 3-6　Rae 创业学习模型

另外，Rae 关注创业者如何通过学习发展个人创业能力。他认为创业能力的发展和提高需要整合：①信心、自信和自我效能感；②个体理论、价值观和成就动机；③设置和实现雄伟的计划；④知性能力，包括知识和技能；⑤建立有益学习的社会关系；⑥积极学习和快速学习的能力，以及对学习过程的反思能力。

其中，个人理论是指个人坚信"什么有用"，如奉行"天道酬勤"，这是个人相对长期稳定的信念，指导个体的思维和行动方式。Rae 的个人理论可以划分为四项主要内容：①愿景、决策和计划；②通过接近市场进行公司扩张；③恰当平衡控制与放权；④做好人的管理。创业能力的发展模型如图 3-7 所示。

Rae 的模型中囊括了许多心理变量（如动机），这其中，（创业）信心和自我效能感是核心，Rae 认为没有自信，创业学习和创业就不可能成功。从这点上看，Rae 的创业学习模型的重点在于创业自信（创业效能感）的形成和发展，力图在各个层次上探查可能影响创业自信的因素。

Rae 继承性地认为创业学习不仅源于内省和直接体验，创业者对他人进行观察也是重要的学习方式。因此，创业者要构建和维护适宜学习的关系网络。与本

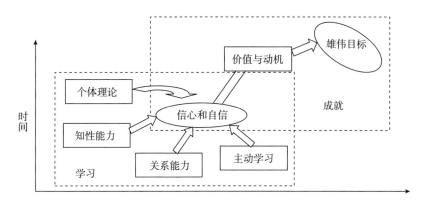

图 3-7　创业能力的发展模型

章前面的创业学习模型相比，Rae 的创业学习理论还有三点突出的贡献。

首先，Rae 模型将自信和自我效能与创业学习联系起来并将其置于核心的地位，这是该理论最大的特点。这就强化了创业者个人特征的作用，能够有效弥补仅从信息（或知识）层面孤立地研究创业学习问题所带来的局限。其次，Rae 的创业学习模型探讨了创业学习中创业者与所嵌入的情境之间的相互作用、影响，因此它是早期情境学习研究成果之一。最后，Rae 模型首次从建构主义的视角来解释创业学习现象，这改变了已有理论对创业知识客观性、静态性的一贯认知，从而将创业知识的产生纳入到一个更宏大的社会系统之中，有利于更加深刻地揭示创业现象的深层规律。

此外，在研究方法上，Rae 认为，鉴于影响因素众多，并且创业者主观因素不容忽略，那么通过对创业者进行内省式的访谈，能够获得丰富的有关创业者生活和创业故事的详细描述，有利于更好地解释创业学习。深度访谈是一种综合采用内容分析、跟踪研究的描述性方法，具有一些实证范式和批判范式所无法比拟的优势。

六、Cope 创业学习模型

Cope 充分借鉴了前人的研究成果（Rae，2000，2012；Minniti and Bygrave，

2001），并发表了一系列文章（Cope，2000，2003，2005，2011）对创业学习进行了深入剖析。

Cope强调反思在学习中的作用，通过对过去的创业行为及结果的反思，能够帮助创业者获得与特定情境相关的经验知识，能够有效地应对特定情境中的创业问题。再通过进一步的提炼、归纳，以及对不同的情境和事件进行恰当的联想和连接，创业者就能够获取到更高阶的创业知识，其应对情境变化和新机遇的能力增强。Cope将之称为"创生性"学习能力，因为它的存在，创业学习过程成为一个认识、反思、联系和运用的动态过程。

接下来Cope从过程和学习任务两个方面微观深入地分析创业学习。关于创业学习阶段，Cope认为包括创业前学习和创业中学习。他将创业前创业者为创业积累经验和知识的学习行为谓之以创业准备，并指出它会对创业者的认知、价值取向、实践行为产生重大的影响，并与创业中的学习密切相关。而以往学习的成果，正是创业准备阶段学习的基础（Minniti and Bygrave，2001）。

对于创业中的学习，Cope认为整个学习过程是由一系列关键学习事件和一般学习事件交替构成的，其中的关键事件尤为重要。因为，关键事件往往是偶然、突发、影响重大的，如重要机遇或遭遇危机问题，这必然会引起创业者的重视和反思，从而诱发和促成创业者的深刻学习行为，提高创业学习的水平。除了关键事件，对创业失败的学习也很重要。Cope（2011）以针对八位创业失败者的定性研究，深入考察了创业失败所产生的成本、失败恢复过程以及失败学习成果，详解了失败学习的过程。

Cope通过案例访谈，总结出了具体的创业学习任务：①学会自我定位，具体包括个人的优缺点、适合创业的领域、在企业适宜的角色等；②学会商业判断，包括准确分析企业的优势、劣势以及面临的机会、威胁，厘清企业内部资源禀赋、未来成长要求和发展方向，员工的特点和专长等；③学习管理企业，包括学习如何进行企业运营、组织结构设置、资本运作、财务管理、人力资源管理等；④学习适应环境和构建网络，包括学习如何通过建立联系和妥善处理关系与客户、供应商、竞争对手和服务机构建立良好的关系网络，以及如何适应产品市场和技术环境，感知未来变化趋势；⑤学习管理关系，包括学习处理企业内部和外部各种关系。

创业学习的环境并非真空，创业者身处庞杂繁复的信息和关系网络，亲身参与或间接观察错综复杂的创业实践活动，这些情境必然会影响其学习过程。而且，创业者个人的认知结构、个性特征更是创业学习的重要影响因素，因此创业学习必然"包含人的情感，具有社会化特征"（Jean and Wenger, 1991）。这也导致了创业过程中创业者的情绪震荡，如当创业失败，创业者必然遭遇情感创伤。

Cope 的创业学习模型如图 3-8 所示。

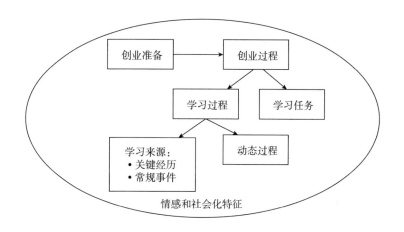

图 3-8　Cope 的创业学习模型

Cope 的研究从更微观的视角分析了创业学习过程和具体任务，以及情境因素与创业学习间的影响和联系，并着重分析了学习的情感特征和社会属性，为创业学习研究提供了一个更加综合和总体的分析框架。

以上五种主要创业学习理论模型的对比如表 3-5 所示。

表 3-5　五种主要创业学习理论模型的对比分析

类型	学习来源	学习过程	学习结果	创新要点
Politis 模型	创业者的职业经验	通过探索和利用两种方式把经验转化为知识	识别机会，克服新进入缺陷	总结了影响信息转化的因素，对学习过程做了更深刻的解释
Corbett 模型	新获取的信息和经验	获得新信息和经验；运用已有知识把它们转化为新知识	机会识别数量；机会开发质量	强调学习的不对称性，即个人获得和转化信息的方式对机会发现和开发的影响
Holcomb 模型	直接经验；观察他人的行动和结果所获得的间接经验	从直接经验中或通过观察他人的行动和结果所获的间接经验中获得新知识；经验会影响学习者的直觉判断，再通过直觉判断作用于创业决策和行为通过新、旧知识整合来形成新的知识构架	通过行动寻求创业机会和利润	观察他人也可获得经验；直接间接经验都会影响直觉判断；直觉判断对决策制定有重要影响。在不确定条件下，直观推断影响学习的判断模式，学习的判断模式又系统影响知识的积累，进而影响学习
Rae 模型	创业者广泛的人生经历	由认知、实践和理解组成的实现意义建构的过程	识别机会并采取行动；提高创业能力	自信和自我效能成为创业学习成功的核心关键；情境与创业学习的相互影响作用；以建构主义的视角解释创业学习
Cope 模型	常规事件和关键经历，但主要强调关键经历；失败经历	学习是一个认识、反思、联系和应用的动态过程，具有情感和社会化特征	完成创业者自身、企业管理、关系管理等五种学习任务	强调从关键经历中学习的重要性；学习的动态性；创业准备；创业学习具体任务

资料来源：何华. 创业学习对创业绩效的影响机制研究［D］. 南宁：广西大学硕士学位论文，2014. 有改动。

第三节　创业学习的主要方式

　　正如前文所述，学者们认为可以将经验转化为创业知识，而这种经验既可以是学习者的亲身体验，也可以源于对他人行为及其实施效果的观察。另外，创业活动的内生情境性和动态性，也使创业者需要不断地通过实践活动对先前积累的知识与现实情境间的偏差进行纠正，这正是实践学习的过程。此外，培训教育作为传统的知识获取方式，在创业学习中也不容忽视，因此本节重点讨论创业学习的主要方式。学者们关于创业学习主要维度的有代表性的观点如表3-6所示。

表3-6　学者关于创业学习维度的代表性观点总结

学者	代表性观点	维度构成
Politis（2005）	创业学习是创业者基于自身直接经验持续地开发有关于创建新企业及管理新企业所需知识的过程	经验学习
Petkova（2009）	把创业学习看作试错过程，主要依据行为学习理论，强调个体的经验在既定的任务中不断地重复能找到最合适的方法从而获取经验、积累知识	经验学习
Holcomb 等（2009）	个体直接从经验以及观察他人行为及结果；通过感应面临的差异；通过联系先前结构以获取、消化、组织和吸收新知识的过程	经验学习、观察或模仿学习
Hamilton（2011）	创业学习是获取和开发那些创建、参与或者做大新企业相关的倾向、技能和能力	实践学习
Man（2012）	创业学习行为模式可以概括为六种：在完成机会发现、管理企业、形成并执行战略等创业任务的实践中积累创业经验；在积累经验的基础上对经验进行反思并更新之前巩固的经验；在任务执行过程中运用先前学习到的知识；有选择、有目的地学习；在已有学习成果的基础上强化学习行为；增加学习的情境范围	经验学习、认知学习、实践学习

资料来源：单标安，蔡莉，鲁喜凤，刘钊. 创业学习的内涵、维度及其测量［J］. 科学学研究，2014，32（12）：1867-1875. 有改动。

一、教育培训

许多研究者从创业知识的隐性和情境性特征出发，否定或有意忽视教育和培训这种获取方式。不过，教育或培训是知识获取的通用方式，对于创业知识也不例外。一项来自浙江省400余家重点骨干企业的调查表明，80%的企业家认为理论学习对实际工作具有指导意义（袁安府等，2001）。陈文婷（2010）基于家族创业者的问卷调查结果显示出正式教育在创业者知识获取中的强作用。

教育和培训的学习方式包括接受正规教育和参加专业的培训。正规教育能够帮助创业者积累基础知识，并形成专业背景。按照我国的教育体制，初中及以前的正规教育为基础教育。通过接受基础教育，创业者一方面收获了基础的自然和社会科学知识；另一方面，他们的学习习惯、理解分析能力、逻辑判断能力也已初步形成。基础知识及认知结构雏形是后续一切学习行为（包括实践学习）的知识能力基础。而职业技术学校和大学教育则是接受专业教育的重要途径，通过接受教育积累形成专业知识和技能。正规教育的典型成果体现是学历。

另外，1987 年美国正式设立创业教育以来，现在世界各国的许多高等院校都开设了创业教育课程，教学目标是为高校学生中的潜在创业者提供创业必要的知识和能力。我国的南开大学、南京大学、清华大学、江苏大学等也开设了创业教育。除了创业通识教育外，还有高校针对特殊群体开设的创业专项培训。比如，浙江大学就率先面向本科生、硕士研究生和 MBA 学生开办了"创业管理精英班"。

与创业学习相关的专业培训主要包括相关管理理念、技能的培训，以及创业培训。前者比如针对决策方法、营销技巧、沟通能力等特定的专业知识、方法和技能进行培训。而创业培训则是以提升创业者素质和创业能力而开展的全面系统培训，是提升创业能力和创业意识，转变就业观念的重要途径之一（何文韬、郭晓丹，2016）。这些培训随着近年来创业活动的普及和升温而需求上升。比如，Katz（2003）指出，美国与创业者、创业有关的课程迅速增长，能够反映出创业者对创业培训需求的日益旺盛。而提供创业培训项目机构的数量和种类也越来越多。高校、培训机构以及社会公益机构都在积极开展创业培训项目。Martin 等（2013）的研究发现创业培训对个体人力资本提升具有统计上的显著性。

教育和培训是明码化、格式化知识的有效传播途径。比如，有关创建新企业的关键知识和技能，经营管理的一些先进理念和方法，可以通过教育或培训的方式获取（Liñán and Chen，2009；Roxas，2014），如有关潜在的创业风险、创业资源需求等知识（De Tienne and Chandler，2004），以及创业程序和管理企业方面的相关知识。另外，还可以通过培训培养创业者的识别机会和运营新企业的能力获取，如逻辑推理、风险分析等。另外，Watson（2007）指出，创业培训通过增加创业者自我效能提升创业意向水平。创业自我效能是个体对自身能够承担不同的创业角色和任务的能力的信任水平，它是创业意向的触发因素之一。创业意味着选择与以往不同的全新的生活方式，需要面对各种不确定性和挑战，因此，积极乐观的情绪、坚强的意志是创业者面对困难和失败、战胜茫然和无措的强大心理支撑，是增强个人的创业动机（Noel，2002），并驱动其将创业意向转化为持续的创业行动的重要条件。

二、经验学习

经验学习是指通过系列过程将之前积累的各种经验转化为创业知识用于指导现在和未来创业实践的过程。以 Dale 的"经验之塔"理论和 Kolb 的经验学习理论为理论基础。Dale 认为，经验是一种重要的学习途径，甚至一切都可通过经验来学习，并且最好是从亲身体验中学习，因此获得直接的经验尤为重要。Kolb 的经验学习理论指出，知识由经验构成或再构成，而学习是"始于经验，又回归经验""改造或者转化经验、创造知识"的过程。

经验学习是创业学习研究初期的主流视角，有着丰富的研究结果。比如，Politis（2005）认为，创业学习是创业者通过探索和开发方式从已有的职业经验中进行学习，以应对创业中的机会识别和开发任务。Corbett（2005）则强调基于自身人力资本情况，结合创业阶段的不同任务，采取不同的学习风格从先前的知识和经验中获取创业知识，识别和开发创业机会。

在经验学习中，经验是学习的核心，那么经验是如何发挥作用的？在亲身的体验中，行为的实施效果成为直接的反馈影响着未来实践中这种行为是否会再次出现。具体地说，人类行为的目的性以及趋利避害的本质追求，使行动的效果就成为刺激和引导行动的强化物。每次采取行动后，行为人难免会对实际回报和预期结果进行比较，如果回报的实际值大于期望值，就是正向反馈，行为人会将相应的决策、行为与特定任务结合，形成趋向成功的行为模式，留以应对相同或类似的问题；若是实际回报小于预期，就会带来负向反馈，行为人会判定曾经的决策、行为等是不利于特定任务完成的，是在应对后续相同或类似任务时应该抛弃、不能选择的，需要寻找新的解决方案。这些积淀下来的与特定问题解决和特定任务完成相关的行为模式就是创业知识。正是这种行为与成功或失败结果的连接，降低了创业者对创业任务和环境的不确定性认知，提高了创业者决策的效率。

从这个过程中可以看出，有效的经验学习不仅包括个人行动，更包括反思行为。这种反思囊括的是一系列的具体思维过程，如对行为的实施效果进行评估、对行为与实施效果间的因果关系进行推理和总结、对影响行为效果的因素进行识别、对有利成功和趋向失败的行为模式进行提炼、对行为适用的任务和情境进行判别。这些思考的过程和结果成为行为人的认知结构的一部分。创业者的认知结构不仅影响着其在获取和评估机会和资源线索时的注意力方向，也影响其知识转化的具体过程和结果，进而影响着他们的创业行为和结果。例如，一般而言，曾经拥有创业经历的创业者较之初创业者，有着层次更为丰富的认知结构（至少多了创业经历维度）。因此对于相同的创业信息，他们的理解更为深刻和全面，并能够对其进行更高层次的结构比对（structure alignment），而不仅是表层特征的比较，也因此更能够准确地识别出这些信息的机会价值（张爱丽，2013；张红、葛宝山，2016）。

经验学习效果受到两个关键因素的影响：一是所经历的亲身经验；二是经验转化为知识的具体方式。经验是指通过创业实践直接获取的相关的经验（Holcomb et al.，2009），其中创建企业的经验、管理企业的经验以及行业专有经验的作用尤为明显（Politis，2005）。经验学习中要关注"关键事件"（Cope，2005）。曾经的失败经验也是创业学习的重要来源（Cope，2005；Minniti and Bygrave，2001；谢雅萍等，2018）。

经验学习是重要的创业学习方式之一，对直接经验的依赖使其能够促进相关隐性知识的开发和转化，也能够有效地提升创业决策的效率和效果。但是，对亲身体验的依赖也令经验学习的局限性明显。这主要体现在两点：首先，增强了创业知识产生的路径依赖性，因此一定程度上阻碍了其他新知识的进入（Corbett，2007；Holcomb et al.，2009）；其次，个体毕竟囿于精力、机遇等客观因素，导致能够亲身参与的实践有限，所获经验必然也有限，这必然导致创业知识范围和内容的局限，缺乏多样性，以致难以应对不熟悉领域的创业实践。更为重要的是，创业情境的动态变化性和不确定性较强，已有经验应对的任务和情境未必能与现在及未来的任务和情境匹配，这也会导致经验学习所得的创业知识的价值贬值。

三、认知学习

认知学习包括三种具体的学习行为：通过观察、模仿别人的创业活动和创业行为（Ozgen and Baron，2005）；与他人进行沟通和交流；获得他人的支持和指导。认知学习的发生与创业者所结成的关系网络密切相关（魏江等，2005）。

观察学习起源于社会学习理论。社会学习理论认为，学习可以通过两种途径，一种是以直接的经验习得某种行为或技能；另一种则是通过观察他人的行为及其成果也能收获学习成果。也就是说，不仅自身行为的效果会成为强化物引发某种学习，其他人行为结果也会产生示范效应，从而引发学习者的模仿学习。创业者也会因为观察到榜样的行为，而提高创业机会的发现概率、增强创业意愿（Minniti，2005；胡厚全，2022）。第一种是经验学习，第二种则被称为认知学习，是本节讨论的重点。

认知学习是一种重要的学习方式，其学习效果可以媲美直接的经验学习，甚至在某些方面更具优势（Bandura，1977），并可与直接学习互补。首先，认知学习丰富了学习内容和成果，提高了学习效率。认知学习也要经历经验转换为知识的过程，这点与经验学习相同，只不过它转化的是学习者通过观察得来的间接经验。这种间接经验既可能是观察到的榜样的行为示范，甚至可能是一些语言、判断、概念等抽象规则，这些来自外部的刺激，也会成为学习者知识转化时丰富的原材料，激发他们的创造力，丰富他们的行为模式和认知结构。另外，间接经验意味着对重复多次的试验的省略，这无疑会加快经验获取的速度，缩短时间成本，同时也能够避免试验失败所造成的可能损失（Bandura，1977）。

其次，认知学习能够抑制学习者的一些思维惯性（Bandura，1977），提高其所获知识的客观性。受限于种种客观原因，当个体获取直接经验时，所得的往往是零星碎片的经验，而缺少对宏观和整体的把握，若是再深陷细节，这样的经验转化而来的知识必然带有先天的局限和偏差。对他人行为及其结果可以进行反复观察，这样既可以对学习资料完整把握，亦可引起学习者更深刻的反思，以及与自身体验的对照，从而抑制了学习者的思维惯性，增强主观认知的客观性，同时减弱了经验知识转化中固有的路径依赖特性。

大量理论与实证的研究成果认同他人对创业者行为与认知的影响作用。Holcomb 等（2009）将认知学习视为创业学习的重要方式，认为创业者可以通过观察他人行为来获取、吸收间接经验，并将之内化为自身的创业知识指导创业行为，如模仿他人取得成功的行为，规避他人已获失败的行为。创业活动的真实情境和创业者角色模型是认知学习的重要来源。当创业者意识到他人行为对自己具有示范作用时，就会投入注意力进行观察收集相关信息，再经过理解、推断、抽象和提炼，创业者会将感知到的他人行为及其实施效果、内在的因果关系和影响因素，以及发生的情境等，进行编码并内化并入认知结构；待识别出实际遭遇的是类似的情境时，创业者会调取这些知识，并模仿榜样的行为和思维，处理现实情境中的问题。也就是说，经验转化为知识并指导实践的过程和作用方式与经验学习相同，只是作为转换对象的经验并非亲身经历。因此，观察所获经验和经验转化方式，同样是影响经验学习效果的两个关键因素。另外，示范任务的个人特征如年龄、胜任力领域、价值观和期望等，与其自身越相似时，创业者越可能进行观察学习；所面临创业情境与观察学习所发生的情境越相似时，创业者越可能应用观察学习获得创业知识（Holcomb et al.，2009）。

创业者的认知学习活动受所处社会环境的影响较大，特别是关系网络（蔡莉等，2012），因为那是间接经验的主要来源。

除了直接观察外，与他人尤其是有经验的人进行交流，接受他人的直接指导，也是获得间接经验进行观察学习的重要方式。

创业者的大量创业知识都可以来自对他人的观察和模仿，而且这样可以避免不确定情境下对直接经验过于依赖而产生的负向效应（Holcomb et al.，2009），一些复杂性较高的行为，如商业谈判、企业快速扩张等，也可以通过认知学习获得。

四、实践学习

Rae 和 Carswell（2001）指出，创业实践活动没有"固定的或教科书式的标准答案"，创业实践的动态变化和高不确定性使创业实践中的机会与挑战并存，这意味着仅靠转化自己的亲身体验和观察他人所获的间接经验无法应对现实情况，因此刺激了实践学习的发生。March（1991）认为，创业者依据组织内部的变化和外部环境的变化对自身行为进行调整获取理想的结果，这种在创业过程中对自身不断调整的行动就是实践学习。Lumpkin 和 Lichtenstein（2005）认为，所谓实践学习就是创业者在直接的创业实践中，在创业任务的完成中，不断修订已有的创业知识，并由此获得新的、符合现实特定情境的知识。单标安（2013）的定义类似，也认为实践学习是在特定的创业情境中，创业者边实践边思考进而完善之前所有知识，同时也获得新的创业知识的过程。

从定义上看，实践学习强调了在创业实践中，通过反思进行学习的重要性（Lumpkin and Lichtenstein，2005），也重视创业实践与学习行为的伴生关系和相互影响。具体地说，创业者根据现实世界中的一些线索，结合已有创业知识，通过认知、推断，形成了一个可能的创业机会假设；在创租的目的驱动下，创业者开始调动资源、做出各种努力来开发这个假设的机会，实践过程中会以"试错"结果来检验、修正假设，直到假设与实际大致相符，并最终实现。这个过程中的认知、推断、试错、检验、修正、创造都是创业学习的基本步骤。创业学习成果指导着实践，实践结果不仅是学习成果的一部分，也反过来影响着学习的过程和结果。这些符合建构主义的思想要旨，即：①知识是学习主体的意义建构；②学习主体受限于特定情境，同时也实现了对情境的改造。一方面，正是因为创业活动受到组织内外环境的约束，才只能通过直接的实践的验证，并依据验证的结果修订之前的预设，对现实进行妥协。另一方面，创业者通过与他人在协作和分享共享知识、塑造共同的价值观和行为规范，从而融入实践共同体、营建社会关系网络，借此从他人处获得创业所需资源和信息，并依靠他人的实践行动，推进创业实践、促进创业学习。这样不仅使创业者获得了网络情境知识（Man，2006），同时也将自身的主观意识在一定程度上反作用于创业情境。

实践学习提高了创业者知识体系与创业情境的匹配（单标安等，2014），是创业者应对环境的快速变化和创业的高不确定性的有效手段。

五、创业学习主要方式间的区别和联系

培训和教育是以讲授为主接受他人已有知识的学习方式。经验学习注重创业者对自身的直接体验进行知识转化。认知学习则将经验的源头扩充，强调了对他人经验的借鉴，认为还可以通过观察他人的行为及结果获得间接经验，经过经验学习的转化过程，都可以获得创业知识。实践学习则指出，在特定的情

境中进行实践，不仅可以检验、修正已有知识、经验，还能够积累和创造知识。这四种常用的创业学习方式在理论基础、获取过程、学习来源、学习任务等方面的区别如表 3-7 所示。

表 3-7 四种创业学习方式的比较

学习方式	教育培训	经验学习	认知学习	实践学习
理论基础	教育理论、成人学习理论	行为主义学习理论、认知理论	认知理论、社会学习理论	建构主义学习理论
获取过程	接受学校教育、创业培训	成功或失败经验的反思和总结	通过观察等方式获得间接经验，并对其进行总结和内部转化	参与实践，与他人协作、会话，在与特定情境的互动中完成意义建构
学习行为	记忆、理解，建立新知识与已有知识的连接	一个积极的知识建构过程，不是简单地消化和吸收经验，而是围绕"经验"和"变化"两个方面展开	体现为创业者个人的信息处理活动，即将个体已有的或外在的信息和知识转化为自己的认知	社会关系网络中的互动、互惠和共享
学习来源	他人的知识	以往的从业经历、自身在实践中的关键事件，尤其是失败经历、他人经验	创业者已有的知识和资源或外在信息，以及系统化处理这些知识和资源的能力	各种网络关系，包括家庭、朋友、企业内外部的社会网络
学习结果	理论知识积累	由直接经验提炼出的行为模式和认知图式	由间接经验提炼出的行为模式和认知图式	创业者身份、创业能力及网络的构建；应对动态变化情境的适应机制
特征	静态，学用分开，需要迁移	动态，学用同步，直接作用	动态，学用同步，直接作用	动态，学用同步，直接作用
影响因素	培训师资、培训过程、学习者的自身特点	创业者自身认知特点，如学习风格；创业前积累经验的广度和深度等	个性、情绪以及认知因素	社会网络特征，包括规模、强弱关系以及成员间的信任、尊重和共享
学习任务	结构化知识；原理、规则、一般方法	经验中的隐性知识转化形成惯例，改进行动效率	设计新的产品或者服务，开发新的商业模式，吸引和留住顾客，专有知识的开发	加速创新进程，产生高效率和创新性更强的组织和协作系统

虽然教育培训、经验学习、认知学习和实践学习区别明显，但它们彼此间并不是完全独立的，而是有着密切的关系。教育培训主要为创业者积累形成了基础

知识和专业知识存量，并形成了认知能力以及专业认知结构，属于创业前准备，是后续创业学习的理论基础，对经验学习和认知学习的创新性和主动性发挥正向调节作用（王杰民，2015）。经验学习和认知学习都是将先前经验内化为知识，不过经验的来源不同，因此两者间存在互补关系。直接经验中包含着内隐知识，这是间接经验所无法带来的，而有了这些内隐的知识就能够让创业者更深刻地理解他人的行为，也才能更好地模仿示范行为，有利于间接经验的转化。间接经验则拓宽了经验的范围，能够给创业者带来更多的启发、灵感和创造力，因此，经验学习和认知学习是创业学习的两个重要维度（Holcomb et al.，2009），彼此互补。另外，毕竟创业情境是不断变化的、复杂多样的，这使曾经的直接体验和他人的经验都不能完全与现实的创业活动相匹配，因此，创业者不能完全依赖经验来应对不确定因素（Politis，2005）。再有，创立新企业过程中的许多任务，如战略建构，也不能完全依靠模仿他人来实现，还需要通过亲身实践，并结合具体情境进行修订，也就是说还需要实践学习。

在时间顺序上，培训教育属于创业前准备，发生最早。经验学习和认知学习通常在实践学习之前，因为前两种方式获取的行为方式和认知模式是开展实践活动和实践学习的基础。因此，经验学习、认知学习是实施实践学习的必要条件，并影响着实践学习的效率，四种创业学习方式的关系如图 3-9 所示。

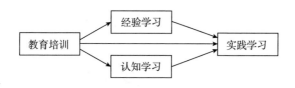

图 3-9 四种创业学习方式的关系

每种创业学习方式所获得的知识、所适用的情境等各不相同。通过教育培训传递的知识多是成熟的、概括的、有限的，能够为创业者积累一般性的原则、方法等基础知识，这些知识是新生创业知识的根基，经验学习、认知学习、实践学习等学习方式进行知识转化和创造时要以此为基本原料。而且，这些基础知识的存在，也会影响到其他三种创业学习的过程和结果。经验学习和认知学习所获取的知识都是经验转化而来的，其中包含着能够提高行为效率和效果的内容，是新创企业制度、惯例的固化形成的根据和来源。不过，与这些知识与生俱来的优势一样，其劣势也明显——适用于稳定、目标明确、变动因素少的环境。实践学习的适应性较强，所获取的创业知识与情境的匹配度最高、内隐性也最强，因此能够指导新创企业生成应对具体情境和任务的最有效的解决方案，同时，也是新企业愿景使命、发展战略以及企业文化的深层基石，有助于新企业核心竞争力的形成。因此，现实中，创业要结合实际情况根据需要采取适宜的学习方式获取创业知识。

第四章　创业知识的来源

　　创业学习是创业知识的获取途径。通过前一章对创业学习主要模型及主要方式的分析，可以获知教育和培训形成的先验知识、通过观察而得的间接体验、亲身经历积累形成的直接经验以及现实的创业实践活动是创业知识的重要来源。本章重点分析先验知识、间接经验以及先前知识和经验对形成转化创业知识的具体作用。需要特别提示的是，本章中的知识，仍然采用的是 Kogut 和 Zander（1992）的定义，知识中既包括可以清楚表述的信息，也包括可以提高做事效率的技能。

第一节　先验知识

　　本章的先验知识是指创业者在创业前通过接受正规教育和专业培训而积累形成的已有知识基础。囿于获取方式自身固有的限制，教育和培训所积累形成的主要是理论知识和一般常识，虽然在创业过程最看重的实践性方面不突出，但是，它属于创业准备阶段的学习，是知识基础，对后续创业阶段的学习有重要影响（Cope，2005）。因为知识不是凭空而来的，而是逐渐积累形成的，人类任何阶段的学习都是建立在已有学习成果的基础之上的（Minniti and Bygrave，2001）。所以，创业者的早期学习成果、学习习惯、学习方法，会影响后续的学习投入和具体学习内容及效率，进而影响所获取的创业知识以及创业者行为（Helfat and Lieberman，2002）。

正规教育的程度和水平通常以学历来衡量。学历是一个人整体素质和学习能力的综合反映指标，体现着个体接受信息的深度和广度，也一定程度上预示着其对新事物、新对象的接受能力和感悟能力。一般来说，创业者的高学历可以开拓其分析问题的视野，思维的系统性更强，其决策对环境变化的适应度也更高。而且"物以类聚，人以群分"，高学历的创业者的社交圈子中不同领域高层人才和专业人才相对较多，能够获得相对高端的、多元的信息，这会提高他们对环境变化的敏感性，因此更适应环境变化。另外，根据 Wiersema 和 Bantel（1992）的研究，企业家的学历越高，其社会认知复杂程度越高，这有利于他们在复杂多元的环境中，准确地完成自我战略定位。另有实证研究发现，受教育程度能够提高决策者实施战略或技术变革的倾向（Kimberly and Evanisko，1981；Bantel and Jackson，1989）。

专业教育以及专业培训，能够为创业者积累专业知识，如财务管理知识、生产运营管理知识。虽然，任何教育培训活动中所传授的知识都是成熟、具体、有限的，并且会被不断更新、替代，甚至过时，但是，每个专业的逻辑结构和思维方式却是相对固定的，具有特异性和专业性。通过长期的知识灌输和强化练习，这种逻辑结构和思维方式得以固化和加强，成为占优逻辑。这样，当个体遇到相关的模糊情境或偶然事件时，会自发提供一种判断、辨别的方向、框架或线索，进而影响到创业者的创业决策和行为。这种基础知识结构或认知框架是深层次的，是认知的基本起点，影响机会识别的整个认知过程。比如，社会科学与自然科学的思维方式就会体现在具体的创业行为中。Gannon 等（1991）研究认为，拥有 MBA 学习经历的决策者更倾向于实施战略变革，对此，Wiersema 和 Bantel

（1992）却给出不同答案，他们认为，理工科背景更可能提高企业家的战略变革行为倾向性。与之类似，李华晶和张玉利（2006）通过实证研究证明，科研型和专家型决策者的创新性更高。陈传明和孙俊华（2008）则指出，我国制造业上市公司面板数据表明，企业家的技术类专业背景提高了企业多元化程度。

另外，接受正规教育和参加专业培训活动，也是创业者建立个人网络的有效途径。学习过程中创业者与同学之间对知识和心得的交流和分享，以及课后基于个人偏好和兴趣的交往活动，是建立稳固的个人关系网络的基础，增加了创业者的个人社会资本。

需要注意的是，创业者的教育经历与创业成功之间的关系相对较为复杂（袁安府等，2001；Bell and Bell，2020）。比如，Harry（1996）以小型制造企业为研究对象，研究发现，创业者的教育履历与其创业成功间没有明显联系。但是，张学华和陈志辉（2005）却发现，高技术企业中教育水平对创业成功的影响比低技术行业显著。Honig 等（2005）将教育经历、创业经历、工作经历、管理经历作为人力资本要素研究其与创业绩效的关系，结果发现，教育经历和创业经历对创业过程有积极推动作用，其他方面对创业绩效作用不明显。Davidsson 和 Gordon（2012）总结了美国、加拿大、荷兰、挪威、瑞典等国关于 PSED 类研究的结果，首先发现关于创业者先前经历的研究中，创业经历对创业绩效的作用最为明显，其正向推动创业进程的作用得到了众多学者的肯定与认可；其次是教育经历和产业经历，而管理经历和工作经历的研究结果矛盾冲突比较大。

第二节　间接经验

间接经验与直接经验相对，是指创业者通过各种方式获得的他人的经验。主要的获取方式有：①模仿观察，就是指通过观察他人的行为和行动以及相应的结果（Holcomb et al.，2009）；②与他人交流，尤其是有经验的人通过交流获得的他人的成功或失败经验，以及观点和看法；③针对自身的问题，接受他人的直接的、有针对性的指导。观察、交流、指导，无论哪种获取方式都意味着一种至少包括两个主体的关系的存在，并且其间的关系强度会直接影响到具体行为的效果。交流、指导自不必说，必然存在一个面对面的关系。至于观察，如果观察的对象太过"遥远"，不利于了解清楚对象的所作所为以及最终结果，就会得到很模糊的印象，那么，这种观察结果可能意义不大，甚至，这种观察行为不一定会发生，因为太过遥远的对象，无论做出什么惊人业绩来，也未必引起关注。所以，被观察对象的资源禀赋、所处情境、能力擅长等与自身越相似，才越可能成为典范和榜样，引起观察以及后续的模仿行为。交流和指导的情况类似，当情况接近时交流及指导所获意见才更有意义。因此，间接经验主要来自个体的社会关系网络。

就关系网络而言，创业者与非创业者的区别在于，新企业创立成功之后，创业者能够依托新企业平台建立社会关系。因此，将创业者的关系网络分为个人网络、社会网络和政治网络三个部分。个人关系网络是与创业者有着较为亲密的个人关系的个体所组成的关系网络，如亲戚、朋友、同学、同事等（Watson，2007）。社会关系网络是与创业者有着直接商业往来的个体或组织所组成的关系网络，如供应商、合作伙伴、客户、竞争对手以及中介服务机构等相关人员。政治关系网络是指创业者因企业创立及运营而与之形成行政隶属、指导和管理等关系的个人和机构所组成的网络，如相关政府管理部门、工商管理机构、行业协会等机构及任职人员。

无论是个体关系、商业关系还是政治关系，其中的节点都是创业者观察和学习的对象，由此形成的间接经验，正是认知学习的主要源头，创业者注意并获得了他人的经验后，经过系列认知转化过程将之形成自身认知结构的一部分，并在遇到类似问题的时候启用这些知识。

网络中表现优秀的、有竞争力的同行或者行业标杆、上下游企业等，都可能被创业者设立成为榜样，通过给予足够的关注、采用多种渠道观察它们的样本行为，然后加以借鉴和模仿（Lumpkin and Lichtenstein，2005；Holcomb et al.，2009）。从而以低于直接经验的成本，实现以他人经验为鉴，复制其成功行为，规避其失败行为。除了观察模仿外，可以通过与组织内外成员间的互动、交流获得间接经验（Antrettera et al.，2020）。与网络成员分享成功与失败的经验、交流创业心得、讨论关键事件等，都可以激发创业者的思维（Cope，2003），并转化成一定的创业知识储备，同时还能满足情感交流的需求，建立更稳固的社会关系。如果能够建立指导关系，获得导师针对某些问题的有针对性的原因分析、方案解决方面的建议，将为创业者获得更直接、有效的间接经验，因为稍微施以适应性调整就可以实施用于解决问题。另外，创业指导能够对创业者进行创业心态的疏导和构建，促进其角色和心智模型（Cope，2003；Rae and Carswell，2001）的转变，提高对创业者身份转变的适应力，减少创业过程的弯路。

个体关系有利于创业者宣泄情感的同时，获得有关自我的创业知识，如自己的优势和劣势、在新企业中的适宜角色等。商业关系有助于创业者获得产业、市场、技术、产品、企业运营管理等方面的知识。比如，产业总体环境及发展趋势、有效的管理方法和手段、主导技术的发展状况等。在政治关系中，创业者可通过观察、交流的方式，了解更多行政管理的政策和宏观整体状况，如通过政府机构的管理政策的变化，察觉产业宏观环境变化、判断未来发展潜力等。将创业者基于社会网络中成员的具体间接经验获取方式归纳如表4-1所示。

表4-1　网络中的间接经验获取方式

学习源	间接经验获取方式
同行	参观竞争对手的企业、模仿学习、与同行业的创业者或技术人员之间的交流学习、与竞争对手之间的竞争和合作学习
供应商	与供应商一起开发新产品或试制、日常社交生活中的非正式交流学习

续表

学习源	间接经验获取方式
客户	与客户共同开发新产品或新工艺、完成订单中与客户互相交流、与客户公司的员工进行座谈、聘请客户公司的高级管理人员或者技术人员担任本公司的顾问、与客户公司结成战略同盟、日常社交生活中非正式交流学习
中介机构	向中介机构的专家学习或咨询、参加中介机构举办的座谈会、展销订货会、博览会
本地高校和研究机构	与本地高校或研究机构合作开发项目、与高校或研究机构的技术型人才非正式交流学习，从高校或研究机构引进技术型人才
地方政府	参加政府举办的座谈会，接受政府官员的实地考察及指导，通过电视、报纸等媒体政府官员讲话，了解市场信息、产品信息或国内外最新政策动态
非正式网络成员	参加同学聚会，寻找同学中可利用的商业信息和资源；与亲戚、朋友非正式沟通，寻找可利用的商业信息和资源

资料来源：徐进. 中小企业创业者学习模式及其绩效影响研究［D］. 杭州：浙江大学博士学位论文，2008.

不过，需要注意的是，间接经验不利于隐性的、实践性强的创业知识的获取。比如，通过观察可以看到的他人明确、直观的行为、行动及结果，但是其背后的因果关系、影响因素及其作用机制以及行为的深层影响，是观察方式所未必能够把握的。而且，他人行为、行动中的技巧以及困难的解决方式等有关实践知识，也不是仅靠观察就能够获得的，这就给模仿造成了困难。同样，采用交流的方式虽然能够获取到一些隐性的知识，但是其产生和作用的情境未必能被全面描述和清楚把握，这会导致所获取的创业知识的偏差和实践指导性较差。

社会关系网络中的节点数量越多，构成越丰富，创业者从中获取知识的选择空间越大，越能满足创业者的学习需求。网络中成员间的关系强度和信任程度会影响到创业者从网络中获取的关键信息和知识的质量和难易程度。而且，关系和信任往往伴生，强关系意味着交流频繁、深入，因此关系中的信任和依赖程度也深，这对成员的行为形成了约束，减少了机会主义行为以及不确定性的影响，提高了信息、知识，尤其是隐性知识的转移速度和真实性。但是，不利的是，强关系也意味着高维护成本以及高信息重复性，如果处理不当或过度嵌入，还可能因此阻隔新信息和知识的进入。

第三节　先前经验

先前经验是创业知识的重要来源（Politis，2005；Cope，2005；Corbett，2005），也是促进创业机会识别和生成的首要因素（Ardichvili et al.，2003），更是面对饱含不确定性的创业环境时，创业者的最大依靠（Deakins and Freel，1998）。从 20 世纪 90 年代初开始，学者们开始探索创业前积累的经验（即本书所称"先前经验"）对创业者创立和运营新企业的重要意义，认为先前经验对于发现机会、培育创业倾向、获取资源、战略选择以及新企业生存和成长绩效五个方面都具有影响作用（田莉、张玉利，2012）。

鉴于经验彼此间的区别，以及由其生成的创业知识的异质性，本节借鉴先前学者的研究将先前经验细分为管理经验（Stuart and Abetti，1990；蒲明、孙德升，2013）、产业经验（Delmar and Shane，2006）、创业经验（Ucbasaran et al.，2010）和职能工作经验。其中管理经验包括一般管理和职能管理经验，而职能工作经验则主要指从事基层职能，不承担管理职能。已有研究一致认为基层职能经验对创业活动没有显著影响①，因此下文不做重点讨论。

接下来，本节将详细分析各类先前经验对创业知识生成的贡献，以及对创业活动的促进和阻碍作用。

---

① 即便销售、生产等基础工作中能够接触到一些市场和技术信息，但从总体看对创业知识及创业绩效的影响并不显著，而且也可以划归到产业知识中。

一、管理经验

　　管理经验指创业者在创业之前从事企业职能管理主要方面工作而获得相关经验，通常包括一般管理、市场营销、财务管理、生产管理和技术管理五个方面。在工作过程中，准创业者掌握了相应的职能管理领域的流程、方法和技巧，也部分了解到企业的运行规则以及部门间的协调合作关系，这些经验主要转化为职能管理知识，有助于创业者借鉴并制定出新创企业的营销、生产、财务、人力资源管理等职能工作的管理模式、制度、流程等，有利于推动新创企业管理工作的有效展开，提高其内部管理的规范性和效率，有助于尽快实现企业正常运营，进而增强利益相关者对新企业的认可，促进合法性的取得和绩效提升。虽然从理论上分析，创业者的先前管理经验会对新企业绩效有正向促进作用，但实证研究的结果却不尽然。比如，王巧然和陶小龙（2016）的实证研究认为，创业者的职能管理经验对创业绩效没有显著的正向影响。还有一些学者的研究也得出了类似结论。Stuart 和 Abetti（1990）针对 52 家新技术企业展开实证研究，发现创业者所具有的先前技术和运营方面经验对新创企业绩效并无统计上的显著影响。West-head 等（2005）的实证研究也得出了类似结论。值得一提的是，尽管很多实证研究没有证明管理经验普遍的积极影响，但是，Van Gelderen 等（2005）发现它对初次创业者相信自己有足够能力达到运营状态产生了积极影响，并且通过"成长愿望""是否全职创业""投入资金量""是否有外部资金投入"等变量具体反映。

　　另外，虽然在分析的时候被统称为管理经验，但是它们毕竟涉及不同的企业管理职能，彼此之间还是有区别的。相对而言，一般管理、市场营销和财务管理的管理内容和范围具有较强的共性和普适性，在大部分行业和企业中都较为相似甚至相同，因此也被归为通用性职能经验。而技术管理和生产管理因为特定产品和技术的限制其专业性很强，企业间可能差别就已很大，行业之间差别就更大，因此相应的技术和生产管理经验只能适用于特定范围，也因此被归类为专用性职能经验。Katz 和 Kahn（1966）则将营销和研发划分为输出型职能，而生产和财务是生产型职能。

而且，细分职能经验之间的不同，还会导致战略决策的差异。因为职能工作经历中形成的问题思考和处理方式的惯性，会令管理者从熟悉的职能角度进行分析和判断，由此导致不同职能背景的管理者对同一问题的不同处理意见（March and Simon，1958），进而会影响其作为创业者的决策行为。比如，不同职能经验背景会导致管理者的不同战略偏好（Katz and Kahn，1966）。Hayes 和 Abernathy（1980）以及 Jenson 和 Zajac（2004）的研究都指出，财务背景的管理者更倾向于实施战略多元化。不过，陈传明和孙俊华（2008）的研究结论则相反。另外，职能经验是否多元化也会影响到创业者的战略决策行为。创业者职业生涯的多元程度也会影响其对多元复杂问题的处理效果。March 和 Simon（1958）指出，单一职业经历的创业者在日常工作通常会展现出经验和效率，但是战略决策中却会表现出视野狭窄、创新不够的缺陷，以致对环境的扫描和评估不够全面。陈传明和孙俊华（2008）则提出，创业者任职过的企业数目与新企业战略多元化的程度正相关。

二、产业经验

产业经验是指创业者在创业前通过工作经历积累起来的与特定产业相关的经验。这些经验经过转化能够为创业者形成与具体产业相关的产业、市场、产品、客户和技术等方面知识。具体地说，产业知识，包括产业的发展现状、趋势及潜力，通用的运营模式和运作规律，现有的产业链条、关键资源和关键盈利点；市场知识，包括市场构成及容量，细分市场的需求满足情况；产品知识，包括现有的产品种类、竞争力和占有率，产品的销售方式及渠道；客户知识，包括客户群体的构成、消费习惯及购买力；技术知识，包括产业中的主导技术，现有技术水平及未来趋势，新技术、替代技术及配套技术的发展情况。这些知识中有相当一部分是隐性知识，需要直接体验才能获得。

这些与特定产业相关的产业、市场、产品和技术知识，首先能够有效促进创业者对机会的识别和开发。这些知识使创业者更加熟悉产业和市场，能够让他们敏感察觉出尚未满足的市场需求、被低估价值的产品，这些已有的、有待发现的市场机会可以直接转化为新企业的产品和市场策略，成为盈利点。这些知识也令创业者对产业、技术、需求的变化和发展更为敏感，在其市场适应性尚不明朗的情况下，准确解读其中可能包含的契机，准确评估新的科学发现和技术变革的潜在市场价值，并及时采取适宜的处理策略。另外，这些经验和知识也是新创企业主导与实现产品和技术创新的前提条件。新产品和新技术市场化的必要条件是客户需求满足基础上的客户认同。而准确地理解和识别客户需求，是需要与客户共享一些隐性知识的（Cohen and Levinthal，1990；Shane，2000）。有时候，产品及技术创新的驱动因素是客户的需求，但是，往往这些潜在的需求还只是新产品和新技术的使用者头脑中的模糊想法，不够完备，更遑论用语言明确描画，此时，产业经验积累而来的产业、产品和技术方面的隐性知识，就会成为新创企业与潜在客户间的理解和沟通的桥梁，帮助新企业将模糊想法转变成可行方案。Aldrich（2000）研究指出，创业者更喜欢在自己曾经工作过的行业开始创业。Shane（2000）进一步通过案例研究实证了有关市场、服务市场的方式和顾客的知识对机会识别的正向促进作用。王克芳（2011）在问卷调查基础上的SPSS 分析也证实了产业知识对机会以及机会的盈利性和可行性识别的显著正向影响作用。

其次，这些知识会影响创业者对新创企业的市场、产品和技术等方面的决策。它们会影响新企业的市场、产品和技术定位，即进入哪些细分市场，满足哪部分顾客的需求，采用什么水平的技术，生产什么特性的产品，以及一些衍生的执行策略和运营手段，如新企业的经营模式、定价策略、分销模式及渠道等，更具体到产品功能优化、成本节约、可靠性提升的可行方案。

最后，这些知识影响到新创企业的关系网络构建和资源获取效率。产业内的从业经验，会令创业者更清楚关键资源的拥有者，甚至借工作之便与客户、供应商、分销商及其他利益相关者建立稳定的社会关系，这会为新企业带来资源获取的便利。而且，创业者在行业中积累声誉和地位，也有利于增强新企业产品和技术在客户中的认同度，促进企业合法性的取得。

综上所述，产业经验理论上应该正向作用于新企业的创立以及绩效提升。Nerkar 和 Robert（2004）研究指出，新产品的成功与相关领域的技术经验正相关。也有学者得出不同的结论，因此需要分析产业经验带来诸多好处的同时，所带来的缺陷。知识具有时效性，意味着它可能会过时甚至失效。由产业经验提炼转化出的知识也是如此。当产业、市场、产品、技术变化时，由于思维的惯性，这些经验知识就可能成为新知识吸纳和运用的障碍，使创业者及新企业陷入"熟悉陷阱"（familiarity trap），进而错失市场先机，不能应对变化的风险，在市场竞争中陷入被动局面，损失企业绩效。尤其是已有产业经验知识存量高，且引致较大的前期回报时，它的负面作用可能越大。由此可见，产业经验知识对新创企业绩效的影响作用，并非正向促进的线性关系，更可能是个倒"U"形曲线。

除了把握先前产业经验对新创企业成立及绩效的总体影响外，还要考虑创业者个体积累的产业经验的差异。有学者以从业年限作为产业经验的量化指标，这种做法实质上没有区分个体经验的质量。正如无法从一个人的学习时间来判断学习效果一样。因此，有学者试图从创业者先前工作单位的规模、知名度等方面区分个体的产业经验。比如，Burton 等（2002）指出，曾经在仙童、英特尔等业内知名度较高企业供职的创业者，具有独特的信息优势，更能够掌握行业内的商业运作诀窍和知识，这有助于他们发现"更具有创新性的机会"，并减少"创业失败的风险"。Cliff 等（2006）从制度理论角度区分了在行业内核心组织、行业内边缘组织和行业外组织任职所获工作经验的差异，由此产生创业行为上的差异。

此外，即便在同一企业内积累的产业经验，也会因所属组织的核心和重要程度而有所差异并影响其创业行为。

三、创业经验

创业经验指在创办新企业之前创业者所拥有的创业经历。这种经历可以按照先前创立的企业是否仍然存续，而分为成功的创业经验和失败的创业经验。先前的创业经验能够为创业者的创业活动提供有关企业创建和运营方面的实践知识和技巧，以及角色熟悉性和社会网络（张玉利等，2008；田莉、龙丹，2009；王瑞、薛红志，2010；龙丹、姚晓芳，2012）。

第一，创业经验可以为创业者积累形成创立及运营企业的实践知识。创业者经历了机会发现、机会开发、创建企业、运营企业，乃至创业失败的过程所积累的经验是职能管理、产业经验等所无法替代的。职能管理经验只能提供片面的管理经验，不一定能接触到高级决策，也缺少对企业运营的整体上和宏观上的把握。而即便曾经以高级管理者的身份进行战略决策而获得的管理经验，也难以适应初创企业所面对的资源有限、分工不明确、人手不齐全、制度不完备的情况。创业者通过创业实践验证了某些概念化创业机会是否真正具有市场价值成为企业盈利点，也更清楚在机会雏形→可行方案→产品或服务实体→市场利润的转化过程中的难点和关键，有利于后续创业活动中机会价值的准确评估和有效利用。另外，实际的创业体验，会收获到有关产业、市场、产品、技术方面更全面和深入的信息，更清楚地知道真实的市场需求和产品价值，以及可以获利的运作模式（Harrison and Leitch，2005）。这些可以帮助创业者在后续的创业活动中对类似问题做出更快速、准确的决策并采取行动，有利于提高新创企业的创立速度和成功率（Toft-Kehler et al.，2013）。

第二，先前的创业经验可以转化为有关自我的知识，让创业者熟悉创业者的角色及准确的自我定位。企业创立过程中的任务是纷繁复杂的，也没有理论上的先后顺序，只有通过完整地参与企业的创建和运营过程，创业者才能对创业过程中会遇到的问题、需要解决的任务有更直观的体验。这能使创业者清楚不同创业阶段的关键任务以及完成任务的关键诀窍，并在实践中积累起解决实际问题的知识和技巧。这也是其他经验所不能比拟的部分。因此，有创业经验的创业者比新手创业者更有能力应对创业过程的不确定因素和复杂情境，更能有效地收集有价值的信息并做出合理决策（Shepherd and De Tienne，2005；Cassar，2014），进而促进新企业正常运转，降低创业失败的风险。另外，企业创立初期，通常人力资源紧缺，配备不齐，成员间分工也不明确，创业者往往身兼数职。因此，扩充人力资源队伍，组建有效的组织结构是每个企业必须完成的任务。而只有经历创业实践的验证，创业者才能更加准确地进行自我认知和定位，以此确定自己的长处和应该承担的角色，并及时寻找合作伙伴组建创业团队。

第三，先前的创业经验可以转化为企业关系网络构建的知识，促进新企业的网络建设。新企业创立成功后，创业者有了企业家的社会身份，新企业也会成为其构建社会网络的重要平台，因此，有创业经验的创业者的社会关系网络的层次更为高端、节点构成更为多样、资源更加丰富。由此积累的网络构建知识，甚至实体网络可以直接移植到新创企业的社会网络构建的工作中，比如，说服老员工加入新企业、原来的供应商和客户与新企业合作。之前积累的网络地位和声誉可令新企业的社会网络构建工作更为顺畅，从而提高其资源获取效率，加速其合法化进度。

以上为创业经验对创业者新创企业的益处的理论分析。不过，有关创业经验与新创企业绩效的关系，学者们的研究结论并不统一。Sandberg 和 Hofer（1987）是最早研究创业经验与新创企业绩效关系的学者，他们的结论是"没有显著相关关系"。Westhead（1998）针对英国 621 家企业的实证研究也得出结论，虽然初次创业者和反复创业者在创业动机、融资渠道选择等多个方面都有较大差异，但是新创企业在财务绩效方面却没有显著差异。Birley 和 Westhead（1994）针对英国 405 家新企业，Westhead 等（2005）针对 354 家新企业的研究都认为，若以单个企业比较，创业经验对新创企业总体绩效没有显著影响。不过，也有学者给出了相反的研究结论。Barringer 等（2005）通过对比获得美国创业奖的 50 家成长最快企业和 50 家成长最慢企业的财务绩效发现，高成长企业的创业者与低成长企业的创业者相比，有着明显丰富的创业经历。Dahlqvist 等（2000）研究了瑞典于 1994 年创建的 256 家新企业的存活率后指出，创业经验对新创企业的边际生存率有负面影响，对企业创立初期的绩效影响也不显著。创业者因丰富的创业经历而形成的较高成本使他的个人转换成本较低，因此，一旦所创企业绩效低于预期，创业者就会结束企业以"止损"。Birley 和 Westhead（1994）、Westhead 等（2005）也指出，如果比较的对象不是单个企业，而是反复创业者历次创立企业的整体绩效的加总，会明显高于新手创业者的个人贡献。Ucbasaran 等（2010）的实证研究指出，创业经验与创业机会识别呈倒"U"形曲线关系。也即先是创业经验的增加导致机会识别的增加；待创业经验达到某一特定值时，识别的机会数也会随之达到峰值；此后，创业经验的增加反而导致机会识别数量的下降。他们的解释是，创业经验分为失败经验和成功经验，而失败的经验会削弱创业机会识别的效率。

综上所述，创业者的职能管理经验能够转化成一般管理、财务管理、市场营销管理、生产管理、技术管理方面的知识，这些知识有利于"克服新生企业劣势"；产业经验通常转化为产业知识、市场知识、技术知识、产品知识，这些知识有利于"创业机会的识别"；创业经验可以转化为新企业创建和运营的实践知识、创业者的自我知识，这些知识有利于"克服新生企业劣势"。图 4-1 描绘了先前经验在创业知识转化中的主要功用。

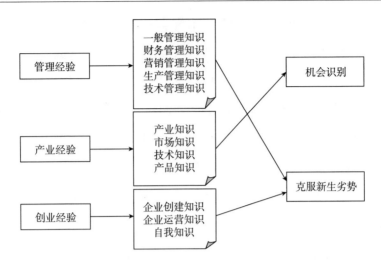

图 4-1　先前经验在创业知识转化中的主要功用

第四节　先前知识和经验对创业绩效的作用机制

前面三节具体地探讨了创业者先前知识、间接经验以及先前经验所派生的创业知识，以及这些知识的主要功用和对创业绩效的影响作用，其中的差别比较明显。这也正是本书首先进行独立分析的目的所在，清楚地刻画每种创业知识的来源，才能不混淆其在创业知识转化中的作用。不过，从分析结果上可以看出，三者的作用机制和作用方向有着共通性，而且知识转化和运用原本就是综合过程，更何况应对的是综合性更强的创业活动，因此，本节将先前知识、间接经验、先前经验作为总体，讨论其对创业者的创业能力，对新企业创立、运营和绩效的促进作用。

通过前文对创业者先前知识以及每种职业经验对新企业创立及绩效的影响作

用进行分析，不难发现，知识和经验的多寡和种类，对企业的绩效没有单调的正向影响作用，而更可能是倒"U"形曲线。这就意味着：①先前经验和知识不能直接作用于新企业，而是需要转化成创业知识，形成创业者人力资本的一部分，然后作用于创业过程；②在先前经验和知识转化形成了一些优势的同时，也会产生一些劣势，以致先前知识和经验对创业企业绩效既有正向促进作用，又有负向阻碍作用。只有厘清先前经验和知识的作用机制和方向，才能采取适当措施，加强其正向效应。

一、先前知识和经验转化形成的优势

先前知识和经验通过转化形成创业知识，这些创业知识综合作用形成创业者人力资本的一部分，人力资本能够有效地作用于创业，由此为创业者形成优势，并直接作用于新企业的创立和成长。总体说来，先前知识和经验形成的优势主要体现为个人专长、主导逻辑、决策能力和机会识别能力。

1. 个人专长

经常性地重复完成相同的工作，会让个体获得完成工作的必备技巧，同时掌握提高工作效率的技术诀窍（Smilor，1997；王竞一、张东生，2016）。这个结果除了归功于行为反复强化而熟练，并因此提升效率外，还因为一个类似的心理过程的作用。心理学研究认为，个体在多次处理相同任务时，会因多次经验结合反思而掌握一些相关知识、思考模式和应变反应，这些构成了个体针对特定任务的认知结构和反应机制。某个方面甚至某个领域类似的认知结构和反应机制积累多了，个体就能够依据经验对任务进行快速反应和处理，因此显得比其他人更擅长处理这方面的问题和任务，从而形成专长（Expertise）。从专长的产生过程看，理论知识学习和直接经验都可以形成相应的专长。

专长的优势就体现在前期已经积累形成了问题的模板，并给出了对应的答案，因此在解决问题时只需判断其与经验知识存量中的哪个模板相同或类似，就可以直接给出答案。理论上讲，如果储存容量足够大，问题模板的开发又已穷尽而趋近于所有现实情况，那么，面对所有问题都可以在经验库中找到答案，这也正是人工智能的工作原理和优势所在。不过，人脑的容量和思维过程不能完全类比于机器，因此，专长就会让个体在处理问题时采用直觉推断，当然这是在经验推理的基础上的，只不过不会像人工智能计算机的推理过程那样，步骤完整和明确。而没有专长的个体，在处理同样问题时需要经过复杂、长期的理论推理和主观预测。由此可见，处理同样的任务，因为专长的存在，专家比新手的效率更高、效果更好。具体到创业者，这就意味着通过先前的理论学习、工作和创业经历，创业者在机会分析、创立企业、企业运营及管理、战略决策等方面形成了一定的专长，因此在处理相同任务时，比缺少相关经验的人更有效率，效果更好。

不过有一点需要注意，因为创业是一个复杂、持续的系统工程，涉及的任务繁杂，综合性强、不确定性高，因此：①一项专长甚至几项专长的突出都不能保证创业必然成功；②通过提炼先前知识和经验，形成能够应对现实创业任务的问题解决模板的难度很大。

针对上述两个问题，解决的途径就是要实现以动态为特征的创业者个人专长的多元化。为此，先要明确创业者的专长与一般的个人专长之间的差别。一般的个人专长，聚焦以及随后的长期投入是其形成、提高的不二法门。比如，会计的财务专长，从业时间就是专长的有效衡量工具。创业者需要的专长则不然。一方面因为完成任务需要的专长多，导致一个甚至几个专长的突出都不能保证创业的必然成功，而是需要多个专长以及专长间的综合作用，因此创业者专长的内涵更加多元化。另一方面，任务的复杂性和内生的动态性意味着由过去经验而积累形成的专长，与现实情境的匹配度不一定很高，因此需要结合情境创造和改变既有的认知结构和机制（Lave and Wenger，1991），提升专长的动态适应性。

此外，个人专长能够提升个体对创业机会的认知，提高其对问题和任务的把控能力，有利于提升个体的创业自我效能。而创业自我效能能够增强个体对创业活动的自信，驱动个体产生更强创业意愿，并驱使他（她）积极寻找创业机会，成为创业者。

2. 主导逻辑

理论和实证研究结果都指出，个体倾向于关注自己熟悉的信息。换句话说，个体在某个领域的知识、经验越丰富，他（她）对该领域的信息、问题、变化越敏感、越关注。而且，知识吸收的进程也越快。这个过程逐渐累积就会形成个人独有的主导逻辑。它类似于衔接在个体与环境之间的"过滤器"，依据个人倾向筛选着外界复杂、多样的信息，留下个体认为有价值的信息。正因如此，"任何一个人的知识都不可能是全面的，知识在人类社会中是分散的"（Hayek，1945），它们按照"个人在总体中的特定生活环境的不同，而呈现不同的分布"，个体拥有不同的知识结构。而且，主导逻辑影响着个体的认知倾向，而特定的认知维度又对应着特定的行为维度。因此，不同的主导逻辑可能导致不同的行为模式。

机会识别是一个认知任务，已有的知识存量和认知特点（如主导逻辑），决定了某些个体能够识别其他人没有识别的机会（Shane and Venkataraman，2000；Tardieu，2003）。出于同样的理由，面对同样的契机（如技术创新），不同的创业者也会发现不同的机会（Shane，2000；Shane and Venkataraman，2000）。主导逻辑产生于个体既有知识、经验的基础上，因此，创业者对某个领域的专业知识，具体职能的管理经验，特定的产业、产品、技术的熟悉等都会影响其主导逻辑的生成，也会令其更容易地识别出这些熟悉领域中的创业机会。而一旦拥有机会原型，创业者就会在主导逻辑的作用下，积极关注与创办和运营新企业相关可能和办法（Baron and Ensley，2006）。Bhide（2000）研究发现，500家美国成长最快的企业中，有71%的创业者的创业原型是对其之前工作中一些想法的模仿或改进。

创业初期创业者的主导逻辑，等同于新企业的主导逻辑，它不仅对创业初期的企业绩效影响较大，还会长期影响新企业的战略和结构。

3. 决策能力

尽管人们希望能够"理性决策"，必须接受的却是"有限理性"的事实。因为，人的思维过程难免会受到自身情绪和认知局限性的影响。而且，囿于环境的不确定性、复杂性和动态性，导致决策时难以获得与决策相关的所有信息。

一个人的决策能力体现在决策的速度和准确性上。具体到创业者，其决策能力就体现在能否通过系列决策，快速、准确地抓住创业机会，成功创立并推动新企业成长。决策能力受个体掌握的信息量以及自身的信息分析能力的影响。决策相关信息量的大小以及其中包含的有效成分的多少，会影响到决策的不确定性，进而影响到决策方案的制定和评估。而信息分析能力则主要指对相关信息本身真实含义以及信息之间相关关系的理解。

创业者所拥有的先前知识和经验，能够让他（她）更清楚创业过程中的重要活动和关键任务，以及成功所需的关键资源和影响因素，这为相关的决策分析和信息收集指明了方向和重点。同样，先前知识和经验能够为创业者指明决策相关信息的源头所在，指引他（她）去哪里以什么样的方法挖掘到所需的信息，无论是概念的还是具体的，甚至是隐性的。另外，先前经验也会为创业者积累形成在特定领域收集信息的成功经验和最佳方法，如最适合的信息收集渠道，使之更擅长收集特定领域的信息（Fiet et al.，2000；Shane，2003）。

而且先验知识和经验能够让创业者对信息进行深层次的加工，进而更好地理解信息的真正含义及其对决策的作用。而缺少相关经验的创业者，则很难判断所得新信息对决策是否有帮助。而根植于先前知识和经验的创业者个人专长和主导逻辑，则以直觉判断缩减了决策过程和周期。此外，通过将已有经验中的曾经情境与现实情况比较分析，也会有效降低决策的不确定性。

概括地说，先前知识和经验能够有效地提高创业者决策的速度和准确性。这在商业机会转瞬即逝的创业情境下弥足珍贵。它是创业者及其创立的企业在动荡、多变的市场环境中，抓住先机的前提保障。Eisenhardt（1989）甚至发现，决策速度快，更有助于提升组织绩效。

4. 机会识别能力

真正的创业过程始于创业机会的发现，犹如种子对植物的作用，好的创业机会是新企业创立成功及后续成长的重要影响因素。发现和识别创业机会是创业活动的关键（Shane and Venkataraman，2000），而识别和发现机会的能力就是创业者的核心能力。先前经验对机会识别非常重要，这种说法获得许多学者的支持（Politis，2005；Corbett，2005）。Bhide（2000）发现 Inc. 500[①] 中有 71% 的创业者的创业机会源于对以前工作想法中的复制或完善。Ucbasaran 等（2003）发现，有经验的创业者所识别出的机会数量是无经验创业者的两倍，而且，经验丰富的创业者善于从机会中挖掘出衍生的机会，且其识别出的机会的创新性更强（张玉利，2008；张玉利等，2011）。

机会识别是一个创业者主动认知的过程，因此，"洞察创业者的认知方式就能够揭开创业过程的奥秘"（Shane，2000）。那么，先前知识和经验如何影响创业者的机会识别过程？先前的工作经验为创业者提供有关商业技能、社会网络构建、产品和稀缺资源可得性的知识（包括隐性知识）（Politis，2005）；先前的创业经验，让创业者拥有了与目标客户及供应商的选择与维持、市场定位、商务谈判、资源竞争等方面的知识（包括隐性知识）（Shepherd et al.，2000），这些知识为创业者构建了"知识走廊"。这让创业者对相关领域新信息、新变动更为敏感。而且之前的知识基础，也令他们能够对商业信息进行更深入的认知加工（刘依冉等，2014），更清楚地理解其中蕴含的潜在价值。即便是面对信息不够的情况，先前的创业经验也因为清楚创业机会成立的前提要素和应有的创新含量，同样可以佐证的信息及其来源，因此，他们会主动收集相关信息，并应用于机会判

---

① Inc. 500 是对 Inc 杂志于 1982 年开始推出的"美国成长速度最快的 500 家民营企业排行榜"的简称。

断决策中，从而对机会的价值进行快速和准确的评估，并采取适宜的行动，避免机会的流失。缺少经验的创业者则在这些方面有些不足，常常错失有价值的信息（Fiet et al.，2000），进而失去机会。

先前知识和经验的优势转化及其对新企业的作用机制如图4-2所示。

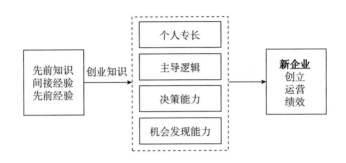

图4-2　先前知识和经验的优势转化及其对新企业的作用机制

先前知识和经验除了转化为创业知识，进而形成个人专长、主导逻辑、决策能力和机会发现能力等为创业者形成人力资本上的优势之外，它们还可以通过为创业者带来声誉，提高新企业的合法性和形成有利于资源获取的关系网络等方式贡献于新企业的创立和成长。

具体来说，创业者的学历、教育背景甚至学术贡献，创业者在个人关系网络中的地位，创业者因工作和先前创业经历而形成的在专业职能领域、特定行业中，以及之前的创业企业网络中形成的地位，都会为创业者带来一定的声誉。这些声誉也会成为促进新企业被认同、组建新企业关系网络的强大助力。而创业者接受教育培训过程中、早期工作和创业过程中所形成的关系网络也可以移植成为新企业关系网络的一部分。而且，因为之前的关系基础，网络关系更强、更稳固，新建成本却较小。

二、先前知识和经验转化形成的劣势

在先前知识和经验带来优势的同时，也会产生一些缺陷，不利于新企业的创立、运营和绩效提升。这些缺陷主要体现为创业者的偏见和盲目、强连带的关系网络、绩效综合征（Starr and Bygrave，1991）。

（1）偏见和盲目。正如前文所述，先前知识和经验有助于转化形成主导认知，这使创业者在某些方面变得经验更丰富，处理问题更擅长，在决策时采用简易的经验推断模式就可做出判断，从而提高了创业者相关决策中的准确性和效率。但是，如果盲目依赖于已有经验判断模式，无论情境是否变化，是否与曾经的经验相匹配，都依据惯性进行决策、采取行动就会导致决策失误，甚至创业失败。而且，主导逻辑会令创业者对某些方面的信息、知识特别关注，这对形成某个领域的专长非常有好处，但是，这会使创业者在注意、加工和识记的过程中忽略其他方面的信息和知识，形成"认同偏差"（Confirmation Bias），这对综合性要求很高的创业活动是不利的。偏见和盲目都会使创业者难以适应新机会和创业环境的变化。

（2）强连带的关系网络。创业者在求学、工作和之前创业过程中建立的关系网络是新企业关系网络的重要组成部分，因为有着前期的交往基础，网络关系更强劲和稳固，也可能会因此导致创业者对这部分网络的依赖，如果过度嵌入，并进一步强化相应的关系，就会因此减少其新的网络关系的建立及新关系的联系频度和强度，从而削弱了接触到更多和更新信息的概率，甚至会形成一个不与外界交换信息的"强连带俱乐部"（Starr and Bygrave，1991）。

（3）绩效综合征。这是指创业者对创业的回报预期过高，以致难以实现，从而可能导致的计划执行不利影响新企业运营，甚至因绩效不符合预期而放弃经营新企业（Dahlqvist et al.，2000）。他人的成功经验、成熟企业的运作经验都可能提高创业者对新企业绩效回报的心理预期，而先前的创业经验更可能放大这种回报期望。因为，先前创业无论成功还是失败，创业者后续创业行为的深层动机都是寻找一个蕴含高回报潜力的新机会，这必然会调高其回报预期（Starr and Bygrave，1991）。

将先前知识和经验形成的优势和劣势汇总并进行比较，具体内容如表 4-2 所示。

表 4-2　先前知识和经验形成的优势和劣势比较

优势	劣势
专长和智慧	偏见和盲目
关系网络/资源获取	强连带
声誉/合法性	绩效综合征
作用：降低新进入缺陷	作用：增加盲从、单调、惰性、浪费

资料来源：根据 Starr 和 Bygrave（1991）整理。

正是先前知识和经验既形成了优势，也带来了劣势（Starr and Bygrave，1991），导致其对创业绩效的影响并非单调递增过程，而是演变成了优势和劣势之间的博弈，只有优势产生的正向效应高于劣势引致的负向效应，先前知识和经验才成为促进因素，有利于后续创业活动的成功。因此，创业实践中要采取有效措施强化先前知识和经验的优势，削弱其劣势，以产生更高的创业绩效。

第五章　创业知识及其获取方式与创业阶段的动态匹配机理

创业是一个动态、持续的发展过程，将其按照一定的标准划分为不同阶段，更有利于具体研究工作的展开。而且，各个阶段创业者所面对的关键任务和进行的主要创业活动也不同，因此需要不同的创业知识。本章将系统梳理创业阶段的主要任务，并分析所需的创业知识以及对应的获取方式，在此基础上，构建创业知识及其获取方式与创业阶段的动态匹配模型。

第一节　创业阶段

Shane（2000）认为，"创业是一个过程化的概念"。广义的创业过程包括一项有市场价值的商业机会从最初的构思到形成新企业，以及新企业的成长管理过程。狭义的创业过程则通常只包括新企业的创建。Gartner（1985）从个人、环境和组织等维度，分析认为创业是一个包括"从机会识别、信息搜索到创建组织和市场营销等活动"的过程。也就是说，创业过程不仅限于新企业创立，还包括后续的对新企业所进行的持续的管理和变革，是新创企业沿着创业构想不断成长为一个成熟企业的历程。

伊查克·爱迪思（Ichak Adizes，1997）最早将有机生命体的生命周期特征引入企业成长研究，提出了企业生命周期理论。该理论的核心要旨是：与生物的生命周期类似，企业的成长也会经历一个新生→成长→成熟→衰老→死亡的过程。爱迪思将企业生命周期细分为十个阶段：孕育期、婴儿期、学步期、青春期、盛年期、稳定期、贵族期、官僚化前期、官僚期、死亡期。正如阶段名称的含义一样，盛年期及之前的各个阶段，都是企业成长上升的阶段，而稳定期及之后，就是逐步老化直至衰亡的过程。这个理论为后续的学者所接受并沿用，更有许多中外学者提出了自己对企业生命周期的阶段划分。丘吉尔等以企业规模和管理因素为判据，划分出创业、生存、发展、起飞和成熟五个阶段。陈佳贵（1995）依据企业规模，将企业生命周期划分为孕育期、求生存期、高速成长期、成熟期、衰退期和蜕变期。

虽然回溯到企业最初成立的阶段看，每个企业都是创业企业，但是，创业研究一般关注的是尚未达到成熟阶段的企业（Chrisman et al.，1998），因为成熟期后企业的新创性特征不再明显。为此，创业领域的学者给出了新创企业的生命周期划分结果。Reynolds 等（2005）认为，新创企业的成长过程包括概念、孕育、生存和成长四个递进的阶段。Holt（1992）则将其划分为创业前期、创业阶段、早期成长和晚期成长四个阶段。Hindle 和 Klyver（2007）划分了三个创业阶段，分别是探索阶段、初创阶段和新企业阶段。蔡莉和单标安（2010）在分析创业网络对新企业绩效影响时将新企业成长划分为创建期、存活期和成长期。表 5-1 列出了关于新创企业成长阶段划分的有代表性的研究结果。

表 5-1　有代表性的新创企业成长阶段划分

学者	第一阶段	第二阶段	第三阶段	第四阶段
Biggadike（1979）	初创期	青春期	成熟期	—

续表

学者	第一阶段	第二阶段	第三阶段	第四阶段
Holt（1992）	创业前阶段	创业阶段	早期成长阶段	晚期成长阶段
Chrisman 等（1998）	创业阶段	成熟阶段	—	—
Kazanjian（1988）	概念发展期	商品化期	成长期	稳定期
Haber 和 Reichel（2005）	创意阶段	可行性阶段	创立阶段	运营阶段

资料来源：王建中．创业环境及资源整合能力对新创企业绩效影响关系研究［D］．昆明：昆明理工大学博士学位论文，2011.

从研究结果中可看出，因为研究视角的不同，学者们划分时的依据和关注点以及划分结果各不相同。比如，阶段数量上有两个、三个、四个的分别。比如，起始阶段是否包括新企业成立前的阶段；阶段的名称也不尽相同。不过，除了这些不同之外，划分的基本框架是类似的，而这是划分的基础。

企业生命周期理论的提出为企业研究开辟了新的视角，使人们关注处于不同阶段企业的独特特征，从而对企业的发展和演进的研究更加深入。不过，虽然阶段划分明确，但是，具体该以何种标准作为阶段间的区分依据，还没有较统一的客观标准，研究中主要采用一些定性化的表征。那么从这个意义上说，何谓新创企业也是没有统一的定论的，因为，"成熟"这个概念同样没有明确的量化标准。

但在实证研究中还是需要客观标准作为数据收集依据的，此时需要采用企业的设立时间。学者们按照自己的研究角度，从理论上分析新企业早期成长过程中获取资源、展开运营、形成战略所需的时间来进行具体时间的确定。因此，所得结论不尽相同。比如，Lussier（1995）在研究导致新创企业成功与失败的关键因素时，将新创企业的年限界定为 1~10 年。比较类似，Yli-Renko 和 Autio（2001）研究社会资本对新创企业知识获取及竞争优势的影响时，同样将 1 年以上 10 年以下的企业作为研究的抽样标准之一。另外，有人认为是 6 年的，如 Brush 和 Vander-werf（1992）、Brush（1995）、Shrader（1996）；有人认为是 8 年的，如 Zahra 等

（2000）、蔡莉和单标安（2010）；还有人认为是 12 年的，如 Covin 等（1990）。

更有学者以企业存活具体时间为标准对企业成长阶段进行了划分。比如，Wong（1993）以 8 年为限划定新创企业，并认为新企业从创立开始需要经历 3~5 年的过渡期，才可算作真正存活下来，接着进入历时 1 年的起飞期，然后进入成长期。全球创业观察报告（GEM）也采用时间作为新创企业成长阶段划分标准。GEM 把新企业成长划分为机会识别，新建 3 个月以内的企业界定为初生企业。其理由是，企业最初成立时以花钱为主，创业之初筹建的资金通常至少能支撑企业维持 3 个月，因此对于初生企业，生存率不应该是关注重点。认为成立后 3~42 个月为新创企业阶段。这个阶段创业企业正处"生死大考"时期，其生存率指标应该受重视。Reynolds 等（2005）根据 GEM 报告的定义，结合企业成立时间将创业过程分为四个阶段：机会识别、机会开发、企业成长以及企业稳定阶段，如图 5-1 所示。不过，Coviello 和 Cox（2006）认为，创业研究应该主要针对 Reynolds 提出的前三个阶段，而进入稳定期后的企业成熟特征明显，不适宜作为新创企业研究范畴。

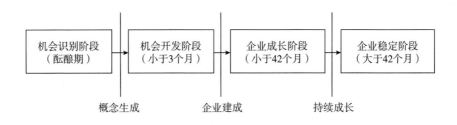

图 5-1 创业阶段演化

单标安等（2015）在研究创业知识、学习方式与创业阶段的匹配时，吸收 Reynolds 等（2005）的阶段划分，采用 Coviello 和 Cox（2006）对创业阶段的范畴的看法，将创业阶段划分为动机阶段、创立阶段、成长阶段。本书研究的主题同样为创业知识及其获取方式在创业阶段下的动态演化，而且本书的研究视角在于创业者个人的知识获取、生成上，待到成熟期的企业，组织层面的学习及知识管理将占有优势，这与本书的研究主题不符，因此，本书重点研究机会识别阶段、新企业创立阶段和新企业成长阶段。

第二节　创业的阶段性特征及主要任务

不同创业阶段开展的创业活动具有不同的发展特征，而关键创业任务的识别是理解创业过程发展性的抓手。为此，本节重点解析创业各阶段创业者的主要任务。

创业过程中要实现三项关键任务：识别并评价机会、整合资源创建新企业并实现新企业的生存和成长（杨俊，2005；张玉利等，2011）。这三项关键任务分别对应着不同的创业阶段，又可细解成若干项具体任务。

一、机会识别阶段的主要任务

创业开始于潜在的创业者发现可以被商业化并获利的机会，并因此夯实创办新企业开发利用机会的想法。这是创业前的准备阶段（Koberg et al.，1996）。这个阶段虽然新企业还没有成立，但是识别机会并预测其商业化可行性等行为需要创业知识，因此成为本书针对的创业阶段。

机会识别阶段的主要任务可以细分为三项：识别机会、生成创业设想、形成创业意愿（张玉利，2008；杨俊、张玉利，2008）。

识别机会是本阶段任务的重中之重。潜在的创业者需要从纷杂的市场信息和个人网络中搜索具有潜在商业价值的创业机会，并对其潜藏的商业价值和可行性进行评估，在筛选和评估中选定创业机会。

生成创业设想是指潜在的创业者针对选定的创业机会形成初步的商业化设想。也即，为了开发这个创业机会，需要创立一个什么样的企业，针对哪一个细分市场，满足哪些特定的用户需求，提供什么样的产品或服务，以什么方式销售产品或服务等。虽然不一定形成明确的商业计划书，但是，这些问题还是需要提前设想的。毕竟再好的机会在转化成商业化实践前，也需要可执行方案的桥接。而且，这个从机会到设想的过程，也有助于潜在创业者更好地审视机会的可行性和潜在价值。另外一个派生任务，就是针对这些设想进行可行性和合理性论证，以及持续的优化和修订，以增加其可执行性和收益性。

创业意愿是指个体有创办一个新公司的主观愿望，并进行有意识的计划和准备，以期将来某个时间点付诸实践的信念（Thompson，2009）。创业意愿是引发创业行为的直接心理动机，促进潜在的创业者转变为准创业者，并为创业积极准备。比如，寻找合适的创业合作伙伴、与关键资源的拥有者接洽、进行前期的技术研发等。而创业意愿的形成，除了个体本身的成就动机高，且将企业确定为成就的实现载体外，找寻到了可行的创业机会及初步形成的可行的创业设想，会使"创立新企业"的愿望更强，促进创业意愿的形成，并驱动创业行为的发生。

在机会识别阶段，（潜在的）创业者面临的主要任务是识别可行的创业机会、生成初步的创业设想和形成创业意愿（闫丽平等，2012；Patel and Fiet，2011）。这三项任务的完成主要依托创业者自身的知识和能力，同时，也需要借助外部的网络资源，如搜寻创业机会信息、与咨询顾问论证创业设想的可行性和合理性、与家人朋友倾诉，寻求他们对自己选择创业的情感支持等。此时，因为新企业尚未建立，所以，（潜在的）创业者从关系网络中获取的主要是信息资源和情感支持，而非生产要素，而且，创业者（及其团队）也只能以个人身份建立社会联系。同样的原因，这个阶段的创业者也没有组织管理问题的困扰。不过，在机会识别等决策中，（潜在的）创业者也需要掌握并运用一些理性的分析工具和方式，在与外部个体或机构的联系中需要借助必要的沟通工具。

二、新企业创立阶段的主要任务

在企业创立阶段，创业者必须从无到有地建立一个新企业，并通过运营能够产出产品或服务，并将其推向市场实现销售。这个阶段需要完成的主要任务有三个，即新企业合法地位的取得、组织架构创建及企业运营、产品或服务的产出及销售。

第一项任务是取得新建企业的合法地位。即履行必要的程序、办理相关的手续，为新企业获得法律地位。新企业既是机会商业化的转化平台，也是创业者实现创业抱负和设想的载体，更是经济社会中一个自主经营、自负盈亏的法律实体。新企业合法地位的取得也让创业者多了一重社会身份。

第二项任务是创建组织架构，维持新企业运营。运营一个企业需要完成许多工作，投入大量资源。因此在企业成立之初就需要从分工的角度设计组织结构，并配备相应的人手以完成工作。人已然是一种资源，除此之外，生产用地、办公场所、生产所需的原材料和硬件设备与软件工具，以及保障其他资源可得的资金等，都是维持企业运营的必需生产性投入。而资源的分配、人员的分工和激励、工作的有序展开，都需要管理，因此，这个阶段为了企业实现正常运营，各项职能管理工作开始展开。

第三项任务是生产出产品或者是服务并能推向市场实现销售。这是一个营利性的企业的社会价值和经济价值的主要体现。为此，需要进行产品或服务的研究开发、市场测试、批量生产以及市场销售等工作。这项任务是本阶段工作的中心，其他工作如组织结构搭建、运行管理等都是配套进行的。

创业者在新企业创立阶段的主要任务是积极获取并整合资源，从无到有地将创业前期的设想转化为企业管理实践及实体的产品和服务。这个过程需要投入大量的资源，而且风险性、创新性极高。毕竟再翔实的计划也无法囊括现实中的所有问题，尤其，设想与实践的差距永远都是客观存在的。此时，客户关系、技术、资金等资源的获取和创业者的工作能力是影响初创期企业成长的关键因素（Shaker and Harry，2006）。前者意味着初创期的创业者需要获取大量生产性要素，如场地、设备、资金，投入企业运营，它们主要源于外部网络。资源紧缺是初创企业面临的主要难题，资源获取是创业者的主要任务。后者则主要指创业者获取资源以及运营企业时的具体能力，如销售、研发、生产和分配方面的执行能力。在这个阶段，通常创业者身上汇聚了各种职能和责权，既是执行者又是决策者，企业中人员的引进、组织结构搭建、硬件设备的采购及配置、产品销售等工作都需要创业者参与甚至亲自完成。而整个企业也是市场导向的，如何将产品和服务卖出去产生利润是一切工作的中心。企业规模不大，组织结构简单。创业者与员工接触充分、沟通直接，管理难度不高。

在这个阶段，因为新企业的成立使创业者有了个人以外的身份，新企业也成为创业者建立社会联系、获取外部资源的重要平台。但是，因为"新"而导致的不确定性和模糊性，致使新企业所获社会名誉和认同度往往不高，所以新企业的社会网络的资源提供能力不强、作用不大，资源获取还要依靠创业者的个人关系网络。

三、新企业成长阶段的主要任务

经过创建期，新企业的组织架构和各项职能基本完备，企业能够正常运营，更为重要的是，所产出的产品或服务已经在市场销售并形成利润，甚至积累了一定的市场份额和业界知名度。以此为基础，企业开始谋求长远发展，力争保持甚至提高竞争优势，实现持续经营。与此同时，随着市场规模的扩大、产能的提升，员工总量大幅增加、销售渠道更加综合复杂。概括地说，就是新企业在诸多方面有了量的积累，虽然，原有组织架构和各种管理办法对一定程度的量变尚能应对，但长此以往必然诱发质变，爆发形成成长危机。因此，在成长阶段，提升能力、突破成长限制，是企业开展一切工作的首要目标，创业者需要面对三项主要任务：管理转型、全面创新和战略制定。

首先是管理转型。随着生产、销售、人员规模的扩大，无形中改变着企业管理工作的重心和目标。Lydon（2001）从这个角度将两个阶段分别命名为形成阶段和制度化阶段，并从生产、市场、财务以及人力资源管理等方面对两者进行了比较。①生产方面。进入成长期后，生产模式从创建阶段的小规模生产，转变为大批量生产，同时，追求实现生产过程和产品质量的稳定性、持续性和一贯性。②财务方面。企业成长阶段资金需求量大规模攀升，需要企业提升资本运作能力，以增加能够获取的资金种类和运作方式。③销售方面。创建阶段更关注如何售出产品实现利润，在企业成长阶段，则需要更深刻地洞察客户的需求和市场的变化，因此，更关心客户的反馈，并及时进行服务和产品质量的改进和提升。④人力资源方面。在创建阶段，企业分工不明、业务简单，企业更多招募通才；而在成长阶段，管理的专业和细致分工程度的增加，使各个领域的专长成为企业的主要招揽对象。这些变化导致了管理业务增多、内容更为复杂、层次化提升，因此需要实现管理工作的专业化、细致化和规范化。这对创业者的管理能力提出了极高的要求，同时也意味着，管理者不应该再事必躬亲，而应该，或者说必须，提高管理工作的程序化、规范化程度，并向专业管理人员分权和授权。管理问题是成长阶段创业者面对的最主要的问题。

其次是全面创新。实现管理转型的本身，就是管理模式和管理制度方面的创新。除此之外，企业若要巩固已有竞争优势，甚至谋求进一步的提升，需要在技术、产品以及销售等方面进行全面创新。一般来说，企业的竞争优势主要体现为：在深刻洞察用户需求基础上实现差异化的产品或服务；以工艺创新和技术创新保证的产品或服务质量的卓越和功能的丰富；通过契合用户需求且便捷的销售渠道带来的客户体验。这些优势的实现不仅是生产、销售、研发某部分职能工作的创新，而且需要方方面面创新工作的系统配合，更需要的是创业者以及整个企业理念上的创新。

最后是战略制定。有了创建阶段的积累，新企业有基础也有能力谋求长期的发展。而实现长期发展的关键是形成竞争优势和打造核心能力。为此，创业者需要面向未来，从战略层面思考企业的目标和定位。Koberg 等（1996）也强调，在新企业成长阶段，创业者或新企业的战略决策是影响企业发展的核心关键。创业者要基于对市场、对环境未来变化的判断，结合企业的现有资源和优劣势情况以及外部资源的供给情况，形成竞争优势和核心能力的战略定位和培养规划，并在此基础上，有步骤、有计划地获取资源，开展各项工作。

　　在成长阶段，创业者制定了明确的战略目标，并积极推行管理转型和全面创新工作。而这些工作都离不开资源的支撑，虽然在这个阶段，企业内部已经有了一定的资源积累，但是成长和扩张的压力、资源瓶颈的束缚，使企业仍然需要从外部网络获取大量资源。另外，这个阶段获取的资源与企业的战略规划联系得更为密切，是为企业形成竞争优势和打造核心能力而进行的战略储备。而且，企业也会根据战略实现需要考虑决定是从外部直接获取相关资源还是依托自己企业进行内部培养。

　　除此之外，在创业过程中，创业者还要完成自我认知和自我定位的任务。在机会识别阶段，面对潜在的创业机会，创业者要在内心深处的创业梦想和创业风险之间进行权衡，考虑是否将梦想转化为行动，以及投入的程度。这个阶段首先就涉及创业者对自身创业梦想和热情的认知，它对创业意愿的形成有直接的影响。另外，这个阶段创业者还需要在充分了解自身优势、不足的基础上，找寻创业合作伙伴或核心员工组建团队。在创立阶段，创业者增加了企业家的身份，需要以此与外部建立联系、获取资源，对内部则管理员工、激励下属，很多工作和情境都可能（尤其是新手创业者）在以往未曾经历过，因此有个角色转变后的适应度，并且，在创业实践中，进一步检验和发展自我认知，自我反省所犯的错误，也形成了个人的领导风格。在创业成长阶段，主要任务就是在企业快速成长中保持冷静，适应从直接管理到间接管理的模式，在自身优势和特点的基础上，对自己企业发展中的身份进行定位，并将所承担的管理工作分类，通过分权和授权的方式交付管理团队，自己则以特定的途径、知识和经验重点管理各种企业稀缺资源，宏观把控企业方向和布局。

表5-2对三个阶段的创业主要任务及特征等进行了简要对比。

表5-2　三个阶段创业主要任务及特征比较

	机会识别阶段	创立阶段	成长阶段
主要任务	识别机会，形成创业意愿	新企业运营，产出产品或服务并投入市场	形成突破成长限制能力，制定战略规划，实现企业的稳定持续发展
面临的关键问题	识别机会	资源紧缺	管理转型
重要资源	与机会识别相关的资源，主要是信息	新企业正常运营所需的资源，主要是生产要素	与企业发展战略相关的资源，主要是战略性资源
管理模式	—	简单的管理模式	健全和规范的管理体系

资料来源：笔者根据文献整理。

第三节　创业阶段与创业知识动态匹配的理论分析

通过上一节的分析，可以发现创业各阶段创业者所面临的主要任务、决策的重点、需要解决的关键问题和困难等都有所不同，因此所需要的创业知识也会不同。本节首先从理论上结合阶段性特征和主要任务分析创业者所需创业知识。

一、机会识别阶段所需的创业知识

机会识别阶段的主要任务是识别机会、生成创业设想、形成创业意愿。

在纷杂的信息中，潜在的创业者敏锐地辨识出别人没有发现的机会，发现机会的潜在商业价值，表现出特有的警觉性，很大程度上取决于他们所掌握的创业知识。市场的知识、顾客的知识以及服务市场方式的知识是与机会识别最密切相关的知识（Shane，2000；Politis，2005）。这些知识也是评估机会的可行性、价值性和风险性的重要依据，帮助潜在的创业者判断特定的机会商业化的可能性（Shane and Venkataraman，2000）。

机会发现后，创业者还要在创业梦想的驱动下，以可执行为目标，积极思考有关机会开发的计划和方案，并开始着手为创业做准备。

McCrea 等（2012）在研究拖延行为产生的原因时指出，人类会下意识地逃避让人产生恐惧、疑虑等体验的具有风险性的活动。在机会识别阶段，这种不良体验却无处不在。在新企业孕育的过程中，潜在的创业者虽然具有创建新企业的打算，但是，在念头和切实行动之间，还有许多具体的问题需要考虑。比如，创建一个什么样的企业，新企业该如何创立，可行的方案是什么，方案的可能实施效果和最佳时机是什么？这些具体问题如果不考虑清楚，就不会有清晰、可行的创业实施计划，创业焦虑随之增加，以致潜在的创业者主观回避一些开办企业所必需的准备活动，如筹资、记账、熟悉相关政策和条例。这会延缓潜在创业者的实质性的创业行为，或者已经展开的创业准备活动的进展。尽管，有关市场和顾客的相关知识能对上述问题提供大部分答案，不过，与资源获取渠道和方式、新企业运营关键及日常管理等方面的知识，也可消除创业设想形成中的不确定性，令潜在的创业者增强对新企业创办适宜的把控感知，提高创业自我效能。

此外，潜在的创业者需要具备自我认知和评估的知识，因为，他（她）要考虑，自身性格、能力、经济压力、风险承受程度等方面是否适合创业，是否需要与人合作创业，以及需要什么样的创业合作伙伴。这将决定其是否创业，以及采取什么方式创业（如个人创业还是团队创业）（Wright and Stigliani，2013）。

二、创立阶段所需的创业知识

新企业创立阶段创业者的主要任务是：新企业合法地位的取得、组织架构创建及实现企业运营、产品或服务的产出及销售。其中，产出产品或服务并将其推向市场形成利润，是一切工作的中心。这项工作能否成功，取决于：①产品或服务能否研发成功并可小规模生产；②产品或服务的定位是否与市场需求契合。这两个关键问题的解决，主要依靠的是创业者对市场、产品的准确理解和判定，而不是资源要素投入后的自动生成。

因此，这个阶段有关市场和顾客的知识对于创业者仍然重要，而且，知识的细节性、全面性和深入性要求更高，因为它们现在连接的是具体的实践，而非机会识别阶段的想法和计划。另外，有关产业和技术的知识也是必需的，前者让创业者更好地理解和开发市场、产品（或服务）和客户需求的宏观环境；后者是生产出产品（或服务）或形成竞争优势的核心关键。具体来说，产业知识，包括产业的发展现状、趋势及潜力，通用的运营模式和运作规律，现有的产业链条、关键资源和关键盈利点；市场知识，包括市场构成及容量，细分市场的需求满足情况；产品知识，包括现有的产品种类、竞争力和占有率，产品的销售方式及渠道，客户的构成、消费习惯及购买力；技术知识，包括产业中的主导技术，现有技术水平及未来趋势，新技术、替代技术及配套技术的发展情况。而且，这些知识令创业者更好地理解所需关键资源，并有效提高资源获取效率，打破企业初生的资源紧缺束缚。准确的市场和产品定位，以及在此指导下的资源获取和聚焦，匹配了特定的市场机会使新创企业很快获利。

另外，新企业运营还需要建立组织结构，并进行有效的内部管理（Gaimon and Bailey，2013），因此需要具备市场销售、财务管理、人力资源管理、生产管理、资源管理等方面的知识，尤其是执行层面的知识。因为，这个阶段企业的组织结构简单、人手不齐，分工不明确，创业者往往身兼数职，责权高度集中。

另外，这个阶段仍然需要自我认知和定位的知识。新企业建立后，创业者才真正从个体转变成企业家，角色和责任有了根本性的转变，许多决策任务及其伴生的困难和压力都是之前所未遭遇的，在实践中创业者通过反思更深刻地认识自我，并调整自身在企业中的地位，为之后的分权及关键员工的引入奠定基础。

三、成长阶段所需的创业知识

成长阶段创业者的主要业务是管理转型、全面创新和战略制定。

一般来说，成长阶段的企业已经具备了一定的产能、销售额和市场规模；同时，人员数量和财务收益等也在快速增长（吴春波等，2009）。随之而来的是，管理业务量增大、复杂性提高，工作内容和层次也发生了变化。比如，产能增加的前提是规模化生产、资金需求量的攀升，要求的是多样化的资本运作模式和金融管理工具。这些变化需要管理者具备更专业化的、现代化的企业管理知识，这样才能支撑创业者，推动整个企业的管理转型工作，从简单职能管理模式，逐渐向规范化、规模化和专业化特征明显的系统管理转变。

另外，企业初建阶段，生存是首要目标，因此工作重心是生产产品（或服务）并销售形成利润，而在成长阶段，企业的发展重心是形成突破成长限制的能力，获得竞争优势，使企业持续生长。市场是不断变化的，随之变化的还有市场的竞争情况。创建期获得市场和客户认同的能够销售出去的产品（或服务），不代表永远有市场，若没有及时的产品更新和技术改进，在市场变化和竞争对手的胁迫下，不仅无法生成长久的竞争优势，甚至现有状态都未必可以保证。创业者要具有较强的机会敏感性和机会的把握能力。因此，创业者需要掌握能够对产业、市场、技术、产品的未来变化、发展进行预测的知识，并在此基础上组织企业的创新和工作，以期在未来获得竞争优势。

此外，长期竞争优势和核心能力的建设需要对未来发展的预判，以及立足长远发展的战略规划。从这点上看，整个创业活动都是企业战略的实施过程。因为创业者要不断调整战略目标，并在已有竞争优势基础上设计合理的战略规划以实现企业的稳定持续发展。因此，创业者需要有关战略分析、战略制定的知识，以形成对企业的市场定位、竞争策略的战略布局（Roxas，2008），并在其指导下获取战略资源，赢得长期竞争优势。

第六章　创业知识及其获取方式与创业阶段的动态匹配模型

根据前面一章的分析可知，在新企业的不同发展阶段，创业者完成主要任务需要不同的创业知识来支撑，而不同的创业知识需要采用不同的获取方式从相应的知识源获得。创业知识的主要获取方式有专业培训、经验学习、认知学习和实践学习，对应的知识源分别是先前知识、先前经验、间接经验和社会实践。而间接经验主要源于社会网络，因此本章就直接以社会网络表征认知学习的来源。本章将以完成阶段任务所需的创业知识为核心，深入分析这些创业知识该从哪里获得（知识源）以及如何获得（获取方式）的问题。在此基础上，厘清创业知识及其获取方式与创业阶段的动态匹配关系，并构建相关概念模型。

第一节　先前知识、专业培训与创业知识获取

创业之前，创业者多多少少都会有一些教育经历，甚至个别人还有专业培训的经历。这些教育或培训经历为创业者形成知识基础及认知结构就是创业者的先

前知识，它是创业者后续一切学习行为的根基和原料（Solesvik，2013；Sherkat and Chenari，2020）。

专业培训主要指创业培训以及有关管理、决策和战略方面的知识和技能的培训。许多研究成果（Njoroge and Gatungu，2013）证明，接受过创业方面的教育或培训的创业者创业成功的可能性更大。

培训教育更擅长于显性的、易编码的知识的传播，比如，有关创业风险评估方法、商业计划书的关键要素、创业资源需求预测方法等（De Tienne and Chandler，2004）。这些是有利于提高创业者识别机会、形成创业计划的能力的知识。另外，创业培训和专业技能培训还能提供新企业创办流程，财务、营销、人力资源等职能管理的通用流程和一般方法，以及决策和战略制定的原则、方法和工具等。此外，通过教育和培训，创业者也能够获得有关自我的知识，如一些自我性格和优缺点的评测、自我定位的原则等。

需要注意的是，教育培训能够为创业者积累的是一般性的原则、方法等基础知识，而情境性、实践性较高的知识，则难以直接通过教育培训获得。因此，通过教育培训所获取的市场和顾客的知识以及战略导向型知识中，与机会识别和战略制定等决策直接相关的部分较少，对相关知识的生成作用较弱。

第二节 先前经验、经验学习与创业知识获取

先前经验是创业知识的重要来源（Politis，2005；Cope，2005；Corbett，2005；汤淑琴等，2014；汤淑琴，2015；赵文红、孙万清，2015）。将先前经验通过系列认知过程转化为创业知识的过程就是经验学习。与创业知识生成最为密切的经验可以细分为产业经验、管理经验和创业经验（Politis，2005）。

管理经验可以为创业者生成有关营销、生产、财务、人力资源管理等职能管理工作的内容、流程、方法的一般知识，以及管理技巧方面的隐性知识（Politis，2005）。特定产业的从业经验，可以帮助创业者获得相关的产业、市场、产品和技术方面的知识，如产业链条构成、关键资源、市场容量、产品种类、客户构成、主导技术等，以及一些相关的事务处理技巧。先前的创业经验能够为创业者的创业活动提供有关企业创建和运营方面的实践知识和技巧，如企业新建流程、不确定性处理方法等。

概括地说，通过经验学习，创业者能够将先前创业经验转化为市场和顾客的知识、有关职能管理的功能导向型的知识，以及一些关于具体事务处理技巧的隐性知识（West and Gemmell，2021）。另外，以往的管理经验和创业经验有助于创业者对自我优势和不足的判断，并由此影响具体的创业形式和合作伙伴的选择。不过，先前经验及经验学习与战略导向型知识的生成关系不够密切，作用不大。

需要注意的是，经验学习容易产生路径依赖，不但不利于新知识的吸收，也容易形成偏见。另外，面对动态变化的创业环境和创业任务，先前经验是否具有指导性。有鉴于此，要结合情境、恰当采用。

第三节　社会网络、认知学习与创业知识获取

经验学习具有路径依赖的缺陷（Minniti and Bygrave，2001），而且，亲身体验毕竟有限，容易导致创业知识的局限，因此需要借鉴他人经验。具体地说，就是创业者通过观察模仿、与人交流或者接受指导等具体方式获取他人的经验，并经过认知学习转化成创业知识（Zozimo et al.，2017）。间接经验主要来自社会网络。按照网络中节点与创业者的关系，社会关系网络可以分为个人网络、商业网

络和政治网络；按照节点与新企业的关系，可以分为组织外部关系网络和组织内部关系网络（Martinez and Aldrich，2011）。

社会网络中各个节点的行为、行动及其结果，以及经验和心得体会都是创业者认知学习的对象。关于竞争对手或标杆企业的营销手段、销售渠道、产品质量、技术手段、管理活动、战略定位以及相应的绩效结果等，都可以通过观察、交流获得，创业者再经过思考、吸收以及之后的改进、复制就可以转化为自身的创业知识指导实践，实现复制他人成功、避免他人失败的目的。因此，针对社会网络进行认知学习，可以使创业者获得市场和顾客的知识、财务管理、销售管理等功能导向型的知识，以及战略导向型的知识。另外，认知学习在一定程度上也有助于创业者获取有关自我的知识。创业者可以选择与自己资源禀赋和社会地位类似的个体，以他人的创业行为和结果作为自己角色认知和定位的借鉴。不过这种借鉴作用，并非自我知识生成的主要方式。

不过，需要注意的是，通过认知学习将他人经验转换为创业知识的方式，不利于隐性和实践性较高的创业知识的获取。因为通过观察可以看到的是明确、直观的行为、行动及结果，但是行为、行动中的技巧以及困难的解决方式，仅靠观察难以获得。而采用交流的方式，虽然能够涉及一些隐性的知识，但是其产生和作用的情境未必能被全面描述和清楚把握，这会导致所获取的创业知识的偏差和实践指导性差。

第四节 创业实践、实践学习与创业知识获取

创业实践是创业者的创业实际行为及其效果。实践学习，则是创业者在创业活动中不断检验、修订已有的创业知识，并由此获得新的、符合现实特定情境的

知识（Lumpkin and Lichtenstein，2005），也就是学习理论中的"干中学"。实践学习重视反思在学习中的作用，强调情境与学习行为的相互影响和作用关系。因此，实践学习是创业者提高创业知识体系与动态、变化的创业情境的匹配度的重要方式。而且，实践学习是检验教育培训、经验学习、认知学习等方式获取的创业知识的实践有效性的客观标准和重要修正方式。换句话说，其他三种获取方式所得的创业知识在应用于创业实践时，需要通过实践学习的方式予以检验和修正，再结合具体情境生成新的创业知识。从这个角度上说，其他三种获取方式所能生成的创业知识类型，也都是实践学习的产物。

而且，实践学习还能够获取其他三种方式不能获取的创业知识。比如，隐性知识、实践技巧类知识。因为，只有与客户深入接触的实践，才能直观了解用户如何使用产品（或服务），以及需求是否得到满足；只有亲身参与到管理实践，方知真正的事务处理顺序、关系协调技巧和管理效率提高的关键；只有真正开展产品的批量生产，才知道研发技术与量产技术的差异，以及技术解决难题的办法。

综上所述，通过实践学习，创业者能够获得市场和顾客的知识、功能导向型的知识，以及战略导向型的知识。与前述创业知识类似，实践学习也是创业者获取有关自我知识的重要手段。

梳理各个创业阶段创业者的主要任务、完成任务所需的创业知识，对应知识获取的学习方式，创业知识及其获取方式与创业阶段的动态匹配模型如图 6-1 所示。

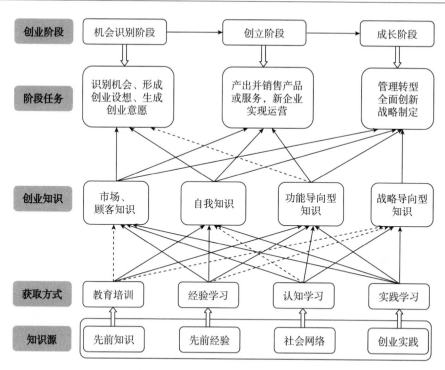

图6-1　创业知识及其获取方式与创业阶段的动态匹配模型

注：虚线代表作用小。

资料来源：《创业知识的理论来源、内涵界定及其获取模型构建》（单标安等，2015），有改动。

第七章　创业知识及其获取方式与创业阶段的动态匹配机制

　　图6-1以各个创业阶段创业者完成主要任务所需要的创业知识为核心，分析了有效的知识获取方式，不过因为图中对创业知识仅以大类标识，没有按照阶段进行内容细分，且每个阶段所需的创业知识又不仅一类，因此可以发现，创业的每个阶段上四种获取方式都在发挥强作用（没有作用小的情况）。而事实上，在不同的创业阶段，某种具体的获取方式所捕获到的创业知识只是这类创业知识的一部分，而同类创业知识的不同部分对具体任务的完成作业是不同的。也就是说，图6-1中没能充分体现某种获取方式在不同创业阶段对创业知识获取的作用大小。这样十分不利于创业学习实践。而且，每种获取方式的作用效果有着不同的影响因素，那么以每个阶段知识获取的主要任务为依据，探讨如何提高创业知识获取效果将具有极大的实践指导意义。这正是本章的两个重点。

第一节　创业知识获取方式作用强弱与创业阶段的动态匹配

首先讨论四种获取方式在不同创业阶段的创业知识获取中的作用强弱的关系变化。

培训与教育的获取方式在各个创业阶段的作用比较类似，只有两点需要注意。第一，通过教育培训传递的知识多是成熟的、概括的、有限的，能够为创业者积累一般性的原则、方法等基础知识，但是，对于情境性、实践性较高的知识，教育培训则无能为力。因此，在企业成长阶段，无论是管理转型、全面创新还是战略制定，需要的主要是在实践中积累起的现实问题解决技巧，以及对未来和外部情况的准确分析，在这些知识的获取上，培训与教育的作用力较弱。也就是说，实质上，在创业知识获取上，培训教育在企业成长阶段的作用较弱。第二，创业培训主要在机会识别和新企业创建阶段发挥作用，在企业成长阶段则丧失作用，这个阶段专项的管理培训则因为能够带来一些新的理念和管理方法，而对创业者的创业知识获取发挥作用。

经验学习是生产创业知识的重要方式（Politis，2005；Cope，2005；Corbett，2005；Corbett and Montgomery，2017），也是促进创业机会识别和开发的首要因素（Ardichvili et al.，2003），更是面对饱含不确定性的创业环境时，创业者的最大依靠（Deaking and Freel，1998）。因此在机会识别阶段和企业初创阶段，经验学习的作用十分明显。它通过转化创业者的先前经验，为其形成了机会识别和运营管理新企业的知识。

但是，对亲身体验的依赖也令经验学习的局限性明显。首先，强路径依赖性，一定程度上阻碍了其他新知识的进入（Corbett，2007；Holcomb et al.，2009；Kraaijenbrink，2012）；其次，局限于个体亲身实践的有限，导致通过经验获取的创业知识的范围和内容有限，难以应对不熟悉领域的创业实践。更为重要的是，创业情境的动态变化性和不确定性较强，已有经验应对的任务和情境未必能与现在及未来的任务和情境匹配，这也会导致经验学习所得的创业知识的价值贬值。

企业进入成长期后，企业内外部环境变化巨大，对来自外部丰富的知识的需求增大（Miller and Friesen，1983），此时，若过分依赖先前经验，会抑制外部新知识的摄入和对环境变化的敏感察觉，致使创业知识与情境和任务不匹配，错误地指导创业实践，并且可能会因此错过企业迅速成长的良机。因此，在新企业成长阶段，经验学习的作用在逐渐弱化（陈彪等，2014）。

认知学习是通过观察和交流等方式获取他人的行为及其实践结果形成间接经验，再经系列认知过程形成创业知识指导实践的学习方式。毕竟不可能向所有人学习，换句话说，人只对与自己有一定关系的其他个体更为关注，因此，认知学习的对象更可能是自身社会网络中的其他个体。在各创业阶段，基于关系网络的认知学习都很重要。在机会识别阶段，他人的创业成功事例可能引发创业者对某些创业机会的关注和敏感，而他人取得的创业成功，也对潜在创业者的创业意愿形成具有示范和促进作用。在新企业成立之初，无论是产品生产和销售，还是新企业管理对于创业者而言都是个摸索、试错的过程，这个过程自然少不了对他人的模仿和观察。在企业成长阶段，对于发展战略的制定和全面创新的任务要求，创业者要持续关注其他企业和个人的动向和具体行为，以判断和验证市场竞争环境和宏观产业环境的变化，以便进行决策。

另外，在机会识别阶段创业者最多进行了一些创业准备工作，而没有展开实质性的创业活动，因此，实践学习主要发生于新企业创建和成长两个阶段。

四种获取方式在不同创业阶段的创业知识获取中的作用强弱的关系变化如表7-1所示。

表7-1 创业知识获取方式作用强弱与创业阶段的匹配关系

获取方式 \ 创业阶段	机会识别阶段	创立阶段	成长阶段
教育培训	++	++	+
经验学习	++	++	+
认知学习	++	++	++
实践学习	—	++	++

注：++代表作用强；+代表作用弱；—代表没作用。

资料来源：笔者整理。

第二节 经验学习、经验转化模式与创业阶段的动态匹配

March（1991）最早提出探索式和利用式两种组织学习的方式。Politis（2005）将其引入创业学习，并指出经验转化为创业知识存在两种学习模式，即探索模式（explorative mode）和利用模式（exploitative mode）。探索式学习模式强调学习过程中的发现、试验、冒险和创新；利用式学习模式则突出精练、执行、效率和选择（March，1991）。两者的本质区别在于学习过程中加工的信息、知识原料来源的不同和学习效果的不同。前者更关注于收集、吸纳外部知识、信息，学习的效果是在已有经验基础上创造新知识；后者则以已有经验和知识为认知对象，对其进行提炼和总结。

通过利用式学习，创业者能够从以往的创业经验、产业经验中提炼出有关机

会识别和开发的知识，有助于其发现具有潜在价值的机会。另外，利用式学习能够让创业者从以往的创业经验、职能管理经验和产业经验的成功实践中提炼和总结出有利于目标实现的有效的范例行为，并用于指导后续的创业实践。这些行为形成规范化就可转化为新企业的组织知识，有助于提升企业的管理效率和决策速度，进而提升新企业绩效，促进新企业克服"新入者缺陷"（Politis，2005）。而在探索式学习中，个体是在通过学习对解决相关问题的方案进行尝试，并据此修订甚至更新了已有知识，产生了新的知识。这样，在后续的实践中将采用与以往经验不同的行为模式和思维定式。探索模式更有利于获取机会识别相关知识。另外，探索模式提高了创业知识与创业情境的适应性。创业是个复杂多变的持续过程，过去的经验总是产生于特定的场景，却未必与现在的情境一致，因此需要创业者通过探索式学习将得自先前经验的"旧知识"，应对当前情境进行整合和调整，才能够处理"新问题"。

关于探索式学习和利用式学习之间的关系有两种截然不同的观点。第一种观点将两者看作完全互斥的（March，1991），是非此即彼的选择。其原因有二：第一，学习行为是有成本的，在资源有限的恒定限定下，采用了利用式学习方式，势必会影响探索式学习中资源的投入，比如时间。第二，学习方式会形成稳定的学习行为和思维定式，并且具有路径依赖和自我强化特性，以致不同学习方式间的转换是有成本的。比如，长于探索模式的创业者，遇到问题也会首先致力于对外部的相关信息的搜索和理解，这样会逐渐积累出有效的信息收集方式和渠道，对外部环境也更加熟悉、吸收能力增强，这些会进一步激励个体对新知识的搜索、对新方法的试验等行为，使探索活动被不断强化。这点对于利用式学习方式同样适用。第二种观点认为探索式学习和利用式学习具有互相补充和促进作用。具体地说，探索式学习令创业者的知识领域更为宽泛，知识存量增加，这会让利用式学习的效率和效果获得提升。因为利用式学习的本质就是将已有知识进行凝练、标准化和常规化，使之得以充分利用。同时，利用式学习也令探索式学习的基础更深厚，也更有效率。

如果探索式学习和利用式学习是完全互斥的，非此即彼，那就意味着创业者只能一直采用一种学习方式，那么，就会要么失掉探索学习所带来的新知识，要么过于关注对新知识总量的扩充而忽略知识的精加工，以及利用已有知识派生新知识的过程。鉴于两种学习方式的相互促进作用，同时也不能忽略学习方式采用中资源的需求和转换成本，经验学习方式应该是权变的，也就是说，要结合具体情境选择采用某种学习方式。

如果将创业阶段作为权变条件，那么在机会识别阶段，创业者可能会更多地采用利用式学习，也即通过提炼已有经验中有关商业机会发现的知识，去对应寻找潜在的创业机会。而在新企业创立阶段，新企业的资源有限，企业内部知识基础薄弱，但是已经有了新企业这个实践平台，并且需要实际解决创业问题，因此，创业者适宜采用获取外部信息、知识的探索式学习方式。而在企业成长阶段，创业者已经积累了一些针对新企业有效的管理经验，因此，采用利用式学习有助于保留和升华这些实践经验，并固化为组织规范，成为组织知识资源。与此同时，探索式学习方式也同样重要，因为战略制定和全面创新的任务，要求创业者广泛收集并精准理解外部环境和信息，因此，探索式学习同样重要。

第三节　认知学习、关系网络构建与创业阶段的动态匹配

正如前文所述，认知学习在三个创业阶段的创业知识获取中都很重要。不过，随着创业阶段的变化，创业者认知学习所依托的关系网络有所变化（朱秀梅等，2010；赵天宇等，2015）。

一、机会识别阶段和初创阶段的关系网络和认知学习

机会识别阶段新企业尚未建立，（潜在的）创业者拥有的仅是个人网络。企业初创期，因为新企业的合法地位刚刚获得，业内知名度和市场认同度小，生存风险大，所以尽管此时创业者已经具备了企业家身份，但是在以新企业为主体建立社会关系时（如与其他企业之间），会遇到很多障碍。此时，新企业依靠的仍然主要是创业者的个人关系网络。创业者个人网络，是创业者个人在社会生活过程中结成的社会的、家庭的关系网络，节点是家人、亲戚、同事、朋友。这个网络是以个人关系为纽带的强关系网络，节点具有强嵌入性。换句话说，节点间的相互作用、交互更多的是情感，而非市场交易关系。就社会学习而言，这样的网络的关系强度高，因此知识的转移效率和充分度较高，学习成本较低。但是，因为节点的数量和类型比较单一，以致网络的内容维度和结构维度比较低，所以可获知识的重复较高，多样性则不足。比如，由于缺乏其他企业这样的市场型节点，可能导致创业者无法从网络中获取更多产业和市场信息。

另外，企业初创阶段的认知学习行为有个从直觉到有目的，从被动到主动的过程。具体地说，在初期，创业者面对企业初创的多种问题，他们也许还不能清楚地描述所面对的问题以及有效的解决方法，只是依靠直觉在网络中寻找可以观察、模仿的对象，甚至将搜寻范围扩大到网络外，有意识地建立新关系。在持续的观察和模仿中，创业者开始熟悉创业活动，掌握一定的知识和技巧，并逐渐形成自身特有的认知模式和解决问题的方式。随之而来的是，认知学习和新建关系的对象选择的目标性增强。

二、成长期的社会网络和认知学习

成长期，随着企业产品推向市场并获得认同，企业的合法性和知名度有了一定的提高，在经营过程中也会累积一些商业关系。企业所依赖的社会网络逐渐从

创业者的个人非正式网络过渡到新企业的商业网络。与初创期所依赖的个人网络相比，这个时期的社会网络特点主要体现在三个方面：①感情关系节点减少，商业关系节点增多；②节点间的整体联系强度下降；③以有意识的关系建立和网络管理为主。突破企业成长限制、谋求企业长期发展的阶段任务，使创业者更为关注外部信息和成功范例，通过与网络成员有意识地互动交流寻找解决当期问题和未来可能危机的对策。这种现实的需求触动了创业者的网络学习。这个阶段的认知学习，除了具有任务触发式特点外，还是非线性的。也就是说，学习过程中，学习方向和学习行为被不断重新定义和调整着，以致难以形成连续的环路或清晰的阶段划分。这同样源于创业任务的动态多变，是创业者为解决问题而进行的主动试错和调整的适应行为的产物。

另外，成长阶段是个动荡的时期，也是一个关键的时期，决定着企业能否突破成长限制跨入成熟期。以创业学习克服不确定性是解决问题的良策。而提高创业者认知学习效率和效果的核心关键在于完成创业网络的转变。这个阶段要将创业者个人网络与新企业的组织网络逐渐融合，并充分挖掘潜力，努力扩展以个人关系为基础的创业者网络的活动范围，以获得更多的资源。同时，注意维持网络中个人情感关系与市场型关系的平衡，对社会网络进行有目标的主动管理。

第八章 结论

　　创业知识，作为一种直接作用于创业的专有知识，是新企业创立、存活及发展的重要资源，也是创业成功的关键要素。创业知识有助于潜在的创业者识别创业机会并进行准确估值，准确感知创业环境并进行风险评估，因此有利于激发潜在创业者的创业意愿和创业行为，促使其对创业机会进行开发利用。同时，能够提升新企业的资源配置和经营管理效率，克服新企业的新生劣势，促进竞争优势的形成。不过目前，创业知识没有被作为一个独立的研究领域，有限的研究成果也是创业学习研究的副产品，以致有关创业知识的内涵、特征、功用等基本问题尚未得到清晰诠释，关于创业知识与创业阶段的匹配关系的研究就更少。本书以创业知识及其获取方式与创业阶段的动态匹配为主题，系统探讨了创业知识的特征、内容和功能，创业知识的获取方式，创业知识的来源，以及创业知识及其获取方式与创业阶段的动态匹配机理。以下为本书的主要研究结论：

　　1. 创业知识的特征、内容和功能

　　为了更好地理解创业知识这种专有知识的本质属性和生成过程，本书在第二章首先分析了知识的通用属性：功用性、主观性和派生性。功用性是指知识的具体用途，它是可以将知识区分开来的本质属性之一。主观性是指人类对客观信息的主观相信程度，是知识产生过程的必备因素，也是将知识与信息区别开来的关键因素。派生性则是指知识在人类的推理、联系等认知过程作用下，产生的知识之间以及知识与具体情境之间的联结、融合、衍生等过程，以及由此产生的新知识。结合知识的通用属性，以策略知识为例，形式化表达了知识的生成过程。

然后，结合知识的三种通用属性和创业知识的专有性，具体分析了创业知识的内容特征、知识的实践者及生成和获取方式。创业知识直接作用于创业过程，与创业活动密切相连，这是创业知识不容忽略的专有属性。因此，功用性、主观性和派生性分别影响着创业知识的内容特征、知识的实践者以及生成和获取方式，使其具有了与一般知识不同的特异性。创业知识的具体功用性体现在能够帮助创业者获取经济租，以及与创立和运营新企业所需的关键要素和能力。因为个体对创业知识的主观信任度不同，以致他们对其中蕴含的价值评估结果不同，最终影响了其是否以创业实践实现这些知识商业价值的决策。另外，作为知识的一种，创业知识也是在不断派生的，且其在派生过程中与具体情境结合得更为密切，创业知识的实践性更强。因此创业知识的生成和获取都与实践及其发生的具体情境密切相关。创业知识产生于具体的创业实践、创业者先前的职业经历、他人的创业经验。这样的知识源头，就对应于"干中学"和经验转化的获取方式。最后，遵循创业知识的特殊功用，本书将其从内容上分为与机会识别相关的知识、功能导向型知识、战略导向型知识以及创业者自我知识，并详细分析了每类知识的具体内容和功能。

2. 创业知识的获取方式

知识与学习密不可分，因此创业学习是创业知识的获取方式。最近十几年创业学习研究逐渐发展起来，已经积累了一定的研究成果。为了更好地吸收已有研究成果，厘清创业知识的主要获取方式，本书的第三章首先以行为主义、认知主义和建构主义等基本学习原理为依据，对已有创业学习研究结果进行梳理，归纳分析了基于行为学习理论、基于认知学习理论和基于建构主义学习理论的创业学习观的主要观点、优势和局限性，并对三者进行了比较。其次，对 Politis、Holcomb 等经典创业学习模型的主要内容、贡献和局限进行了分析和总结。最后，总结文献，将主要的创业学习方式归结为教育培训、经验学习、认知学习和实践学习。教育培训是以讲授为主接受他人已有知识的学习方式。经验学习注重创业者对自身的直接体验进行知识转化。认知学习则将经验的源头扩充，强调了对他人经验的借鉴，还可以通过观察他人的行为及结果获得间接经验，经过经验学习的转化过程，都可以获得创业知识。实践学习则指出，在特定的情境中进行实践，不仅可以检验、修正已有知识、经验，还能够积累和创造知识。这四种常用的创业学习方式在学习来源、获取过程、学习本质、理论基础等方面都区别明显。

虽然教育培训、经验学习、认知学习和实践学习区别明显，但并不是完全独立的，它们彼此间有着密切的关系。教育培训主要为创业者积累形成了基础知识和专业知识存量，并形成了认知能力以及专业认知结构，属于创业前准备，是后续创业学习的理论基础，对经验学习和认知学习的创新性和先动性发挥正向调节作用。经验学习和认知学习都是将先前经验内化为知识，不过经验的来源不同，因此两者间存在互补关系。直接经验中包含着内隐知识，这是间接经验所无法带来的，而有了这些内隐知识就能够让创业者更深刻地理解他人的行为，也才能更好地模仿示范行为，有利于间接经验的转化。间接经验则拓宽了经验的范围，能够给创业者带来更多的启发、灵感和创造力，因此，经验学习和认知学习是创业学习的两个重要维度，彼此互补。另外，毕竟创业情境是不断变化的、复杂多样的，这使曾经的直接体验和他人的经验都不能完全与现实的创业活动相匹配，因此，创业者不能完全依赖经验来应对不确定因素（Politis，2005）。再有，创立新企业过程中的许多任务，如战略建构，也不能完全依靠模仿他人来实现，还需要通过亲身实践，并结合具体情境进行修订，也就是说还需要实践学习。在时间顺序上，培训教育属于创业前准备，发生最早。经验学习和认知学习通常在实践学习之前，因为前两种方式获取的行为方式和认知模式是开展实践活动和实践学习的基础。因此，经验学习、认知学习是实施实践学习的必要条件，并影响着实践学习的效率。

另外，每种创业学习方式所获得的知识、所适用的情境等各不相同。通过教育培训传递的知识多是成熟的、概括的、有限的，能够为创业者积累一般性的原则、方法等基础知识，这些知识是新生创业知识的根基，经验学习、认知学习、实践学习等学习方式进行知识转化和创造时要以此为基本原料。而且，这些基础知识的存在，也会影响到其他三种创业学习的过程和结果。经验学习和认知学习所获取的知识都是经验转化而来的，其中包含着能够提高行为效率和效果的内容，是新创企业制度、惯例的固化形成的根据和来源。不过，与这些知识的与生俱来的优势一样，其劣势也明显——适用于稳定、目标明确、变动因素少的环境。实践学习的适应性较强，所获取的创业知识与情境的匹配度最高、内隐性也最强，因此能够指导新创企业生成应对具体情境和任务的最有效的解决方案，同时，也是新企业愿景使命、发展战略以及企业文化的深层基石，有助于新企业核心竞争力的形成。

3. 创业知识的来源

本书的第四章重点分析了创业知识的三种来源对创业知识生成和创业绩效的具体作用。教育和培训形成的先验知识、通过观察而得的间接体验、亲身经历积累形成的直接经验是创业知识的重要来源。这一章在独立探讨了每种知识源对创业知识生成的不同功用之后，分别从理论上分析了它们对创业绩效的促进作用，并总结了已有研究成果中有关先前知识、先验经验和间接经验对创业绩效的作用方向的结论。结果发现，三种知识源对创业绩效的作用不是单调的正比关系，而更可能是个倒"U"形曲线。也就是说：①先前经验和知识不能直接作用于新企业，而是需要转化成创业知识，形成创业者人力资本的一部分，然后作用于创业过程；②先前经验和知识转化形成了一些优势的同时，也会产生一些劣势，以致先前知识和经验对创业企业绩效既有正向促进作用，又有负向阻碍作用。有鉴于这个共同特性，而且知识转化和运用原本就是综合过程，更何况应对的是综合性更强的创业活动，因此，这章最后，将先前知识、间接经验、先前经验作为总体，讨论了其对创业者的创业能力、对新企业创立、运营和绩效的促进作用。

先前知识和经验通过转化形成创业知识，这些创业知识综合作用形成创业者人力资本的一部分，人力资本能够有效地作用于创业，由此为创业者形成优势，并直接作用于新企业的创立和成长。总体说来，先前知识和经验形成的优势主要体现为个人专长、主导逻辑、决策能力和机会识别能力。在先前知识和经验带来优势的同时，也会产生一些缺陷，不利于新企业的创立、运营和绩效提升。这些缺陷主要体现为创业者的偏见和盲目、强连带的关系网络、绩效综合征。

正是先前知识和经验既形成了优势，也带来了劣势，导致其对创业绩效的影响并非单调递增过程，而演变成了优势和劣势之间的博弈，只有优势产生的正向效应高于劣势引致的负向效应，先前知识和经验才成为促进因素，有利于后续创业活动的成功。因此，创业实践中要采取有效措施强化先前知识和经验的优势，削弱其劣势，以产生更高的创业绩效。

4. 创业知识及其获取方式与创业阶段的动态匹配机理

本书的第五章首先梳理了已有研究对创业企业成长阶段的划分，在此基础上，结合本书研究主题，将创业阶段划分为机会识别阶段、企业创立阶段和企业成长阶段。然后深入分析了各个阶段的主要创业任务以及所需的创业知识，认为机会识别阶段创业者面临的主要任务为：识别机会、生成创业设想、形成创业意愿；创立阶段则为产出产品或服务，新企业实现运营；成长阶段则是制定战略、管理转型、全面创新。针对这些主要创业任务，创业者在机会识别阶段需要的主要是与市场和顾客相关的、有助于机会识别的知识以及有关自我的知识，功能导向型知识的作用不直接，但是，可以通过促进机会识别和创业意愿生成来间接地发挥作用。在企业创立阶段，市场、顾客知识、自我知识，以及有关企业运营的功能导向型知识，是与本阶段创业任务直接相关的创业知识。而在成长阶段，直接作用的知识包括市场和顾客知识、自我知识、功能导向型知识和战略导向型知识。市场、顾客知识主要通过经验学习、认知学习和实践学习获取。教育培训有助于有关市场和顾客方面的一般常识、原则的获取，因此不是主要的获取方式。自我知识主要通过教育培训、经验学习和实践学习的方式获得。认知学习虽有辅助作用但不是主要的获取方式。功能导向型知识的主要获取方式是教育培训、经验学习、认知学习和实践学习，不过通过教育培训主要获取的是职能管理方面的一般原则、方法和常识，相关技能则不是这种方式的优势。战略导向型知识的主要获取方式是认知学习和实践学习。不过，认知学习主要作用于对他人战略定位及实施效果的借鉴，至于具体到本企业的战略分析、决策定位及实施则主要依靠实践学习。另外，教育培训和经验学习也能发挥一定的间接作用。有关创业阶段、阶段任务、创业知识、获取方式、知识源头的对应关系，本书绘制了创业知识及其获取方式与创业阶段的匹配关系图。

这张图以各个创业阶段创业者完成主要任务所需要的创业知识为核心，分析了有效的知识获取方式，不过因为图中对创业知识仅以大类标识，没有按照阶段进行内容细分，且每个阶段所需的创业知识又不止一类，因此可以发现，创业的每个阶段上四种获取方式都在发挥强作用（没有作用小的情况）。而事实上，在不同的创业阶段，某种具体的获取方式所捕获到的创业知识只是这类创业知识的一部分，而同类创业知识的不同部分对具体任务的完成作业是不同的。也就是说，匹配关系图中没能充分体现某种获取方式在不同创业阶段对创业知识获取的作用大小。这样十分不利于创业学习实践。为此，该章最后一节，讨论了创业知识及其获取方式与创业阶段的动态匹配机制。

培训与教育的获取方式在各个创业阶段的作用比较类似，只是有两点需要注意。第一，通过教育培训传递的知识多是成熟的、概括的、有限的，能够为创业者积累一般性的原则、方法等基础知识，但是，与情境性、实践性较高的知识，教育培训则无能为力。因此，在企业成长阶段，无论是管理转型、全面创新还是战略制定，都需要在实践中积累起现实问题的解决技巧，以及对未来和外部情况的准确分析，在这些知识的获取上，培训与教育的作用力较弱。也就是说，实质上，在创业知识获取上，培训教育在企业成长阶段的作用较弱。第二，创业培训主要在机会识别和新企业创建阶段发挥作用，在企业成长阶段则丧失作用，这个阶段专项的管理培训则因为能够带来一些新的理念和管理方法，而对创业者的创业知识获取发挥作用。

经验学习是生产创业知识的重要方式，也是促进创业机会识别和开发的首要因素。因此在机会识别阶段和企业初创阶段，经验学习的作用十分明显。它通过转化创业者的先前经验，为其形成了机会识别和运营管理新企业的知识。但是，对亲身体验的依赖，也使经验学习产生了创业知识。有着路径依赖、内容和应用范围局限等缺陷，尤其面对动态不确定的创业情境，会降低创业知识的适用性，导致知识贬值。而且，企业进入成长期后，内外部环境发生变化巨大，对外部丰富的知识和信息的需求量增大。上述原因导致企业进入成长期后，经验学习的作用渐渐弱化。另外，经验转化为创业知识有两种具体的模式：探索式和利用式。探索式看重对新知识的开发；利用式强调对旧知识的应用，两者在知识原料来源、信息加工方式和学习效果方面各不相同，需要结合情境妥善选择运用。

在各个创业阶段，基于关系网络的认知学习都很重要。在机会识别阶段，他人的创业成功事例可能引发创业者对某些创业机会的关注和敏感，而他人取得的创业成功，也对潜在创业者的创业意愿形成具有示范和促进作用。在新企业成立之初，无论是产品生产和销售，还是新企业管理对于创业者而言都是个摸索、试错的过程，这个过程自然少不了对他人的模仿和观察。在企业成长阶段，面对发展战略的制定和全面创新的任务要求，创业者要持续关注其他企业和个人的动向和具体行为，以判断和验证市场竞争环境和宏观产业环境的变化，以便进行决策。不过，随着创业阶段的变化，创业者认知学习所依托的关系网络有所变化。

在机会识别阶段和企业初创阶段，创业者所依赖的主要是个人网络，这种网络属于强关系网络，知识的流通速度较快、可信度高，但同时，内容比较重复、片面。在成长阶段，认知学习的网络逐渐从个人网络过渡到围绕新企业建立的商业网络，因此，要有意识地建立和维护关系、管理关系网络以及充分挖掘网络中的资源潜力。

而实践学习主要发生于新企业创建和成长两个阶段。因为在机会识别阶段，创业者最多进行了一些创业准备工作，而没有展开实质性的创业活动。另外，实践学习在两个阶段的创业知识获取方面都非常重要。

参考文献

［1］Aldrich H. Organizations Evolving ［M］. London: Sage, 2000: 39-44.

［2］Alonso G, Hagen C, Schek H J, Tresch M. Distributed processing over stand-alone systems and applications ［C］. Proceedings of the 23rd VLDB Conference, Athens, Greece, 1997.

［3］Alvarez S A, Barney J B. Organizing rent generation and appropriation: Toward a theory of the entrepreneurial firm ［J］. Journal of Business Venturing, 2004 (19): 621-635.

［4］Alvarez S A, Busenitz L W. The entrepreneurship of resource-based theory ［J］. Journal of Management, 2001, 27 (6): 755-775.

［5］Angulo L P. Student associations and entrepreneurial intentions ［J］. Studies in Higher Education, 2019, 44 (1): 45-58.

［6］Antrettera T, Siréna C, Grichnik D, et al. Should business angels diversify their investment portfolios to achieve higher performance? The role of knowledge access through co-investment networks ［J］. Journal of Business Venturing, 2020, 35 (5): 1-19.

［7］Ardichvili A, Cardozo R, Ray S. A theory of entrepreneurial opportunity

identification and development ［J］. Journal of Business Venturing, 2003 (18):
105-123.

［8］ Atherton A. The uncertainty of knowing: An analysis of the nature of knowledge in a small business context ［J］. Human Relations, 2003 (56): 1379-1398.

［9］ Bandura A. Social Learning Theory ［M］. New York: General Learning Press, 1977.

［10］ Bantel K A, Jackson S E. Top management and innovation in banking: Does the composition of the top team make a difference? ［J］. Strategic Management Journal, 1989 (10): 107-124.

［11］ Baron R A, Ensley M D. Opportunity recognition as the detection of meaningful patterns: Evidence from comparisions of novice and experienced entrepreneurs ［J］. Management Science, 2006, 52 (9): 1331-1344.

［12］ Baron R A, Shane S. Entrepreneurship: A process Perspective ［M］. Cincinnati, OH: Southwestern Thomson, 2005: 24-50.

［13］ Baron R A, Tang J T. The role of entrepreneurs in firm-level innovation: Joint effects of positive affect, creativity, and environmental dynamism ［J］. Journal of Business Venturing, 2011, 26 (1): 49-60.

［14］ Baron R A. The role of affect in the entrepreneurial process ［J］. Academy of Management Review, 2008, 33 (2): 328-340.

［15］ Barringer B R, Jones F F, Neubaum D O. A quantitative content analysis of the characteristics rapid growth firms and their founders ［J］. Journal of Business Venturing, 2005, 20 (5): 663-687.

［16］ Beckman T. A methodology for knowledge management ［C］. International Association of Science and Technology for Development (IASTFD) AI and Soft Computing Conference, Banff: Canada, 1997.

[17] Bell R, Bell H. Applying educational theory to develop a framework to support the delivery of experiential entrepreneurship education [J]. Journal of Small Business and Enterprise Development, 2020, 27 (6): 987-1004.

[18] Bhide A V. The origin and evolution of new businesses [D]. London: Oxford University, 2000.

[19] Biggadike R E. Corporate diversification: Entry, strategy, and performance [R]. Boston Division of Research, Graduate School of Business Administration, Harvard University, 1979.

[20] Birley S, Westhead P. A taxonomy of business start-up reasons and their impact on firm growth and size [J]. Journanl of Business Venturing, 1994, 9 (1): 7-31.

[21] Bodner G M. Constructivism: A theory of knowledge [J]. Journal of Chemical Education, 1986, 63 (10): 873-878.

[22] Brush C G. International Entrepreneurship: The Effects of Firm Age on Motives of Internation [M]. New York: Garland, 1995.

[23] Brush C, Vanderwerf P A. Comparison of methods and sources for obtaining estimates of new venture performance [J]. Journal of Business Venturing, 1992, 7 (2): 157-170.

[24] Burton M D, Sorensen J B, Beckman C. Coming from Good Stock: Career Histories and New Venture Formation [M] // Lounsbury M, Ventresca M. Research in the Sociology of Organizations, JAI Press Inc, 2002: 229-262.

[25] Cassar G. Industry and startup experience on entrepreneur forecast performance in new firms [J]. Journal of Business Venturing, 2014, 29 (10): 137-151.

[26] Chrisman J J, Bauerschmidt A, Hofer C W. The determinants of new venture performance: An extended model [J]. Entrepreneurship Theory & Practice,

1998, 23 (1): 5-29.

[27] Cliff J E, Jennings P D, Greenwood R. New to the game and questioning the rules: The experiences and beliefs of founders who start imitative vs. innovative firms [J] . Journal of Business Venturing, 2006 (21): 633-663.

[28] Cohen W M, Levinthal D A. Absorptive capacity: A new perspective on learning and innovation [J] . Administrative Science Quarterly, 1990, 35 (1): 128-152.

[29] Connell N A D, Klein J H, Powell P L. It's tacit knowledge but not as we know it: Redirecting the search for knowledge [J] . Journal of Operational Research Society, 2003 (54): 140-152.

[30] Cope J, Watts G. Learning by doing: An exploration of experience, critical incidents and reflection in entrepreneurial learning [J] . International Journal of Entrepreneurial Behaviour and Research, 2000, 6 (3): 104-124.

[31] Cope J. Entrepreneurial learning and critical reflection: Discontinuous events as triggers for "higher-level" learning [J] . Management Learning, 2003, 34 (4): 429-450.

[32] Cope J. Toward a dynamic learning perspective of entrepreneurship [J] . Entrepreneurship Theory and Practice, 2005, 29 (4): 373-397.

[33] Cope J. Entrepreneurial learning from failure: An interpretative phenomenological analysis [J] . Journal of Business Venturing, 2011 (26): 604-623.

[34] Corbett A C. Experiential learning within the process of opportunity identification and exploitation [J] . Entrepreneurship Theory and Practice, 2005, 29 (4): 473-491.

[35] Corbett A C. Learning asymmetries and the discovery of entrepreneurial opportunities [J] . Journal of Business Venturing, 2007, 22 (1): 97-118.

[36] Corbett J, Montgomery A W. Environmental entrepreneurship and interorganizational arrangements: A model of social-benefit market creation [J]. Strategic Entrepreneurship Journal, 2017, 11 (4): 422-440.

[37] Coviello N E, Cox M P. The resource dynamics of international new venture networks [J]. Journal of International Entrepreneurship, 2006, 4 (23): 113-132.

[38] Covin J, Slevin D, Covin T. Content and performance of growth-seeking strategies: A comparison of small firms in high- and low-technology industries [J]. Journal of Business Venturing, 1990, 5 (6): 391-412.

[39] Dahlqvist J, Davidsson P, Wiklund J. Initial conditions as predictors of new venture performance: A replication and extension of the Cooper et al. study [J]. Enterprise and Innovation Management Studies, 2000, 1 (1): 1-17.

[40] Davidsson P, Gordon S R. Panel studies of new venture creation: A methods-focused review and suggestions for future research [J]. Small Business Economy, 2012, 39 (4): 853-876.

[41] Deakins D, Freel M. Entrepreneurial learning and the growth process in SMEs [J]. The Learning Organization, 1998, 5 (3): 144-155.

[42] Delmar F, Shane S. Does experience matter? The effect of founding team experience on the survival and sales of newly founded ventures [J]. Strategic Organization, 2006, 4 (3): 215-247.

[43] De Tienne D, Chandler G. Opportune identification and its role in the entrepreneurial classroom: A pedagogical approach and empirical test [J]. Academy of Management Learning and Education, 2004 (3): 242-257.

[44] Eisenhardt K M. Making fast strategic decisions in high-velocity environments [J]. Academy of Management Journal, 1989, 32 (3): 543-576.

[45] Fiet J O, Piskounov A, Gustafsson V. How to decide how to search for en-

trepreneurial opportunities [C]. Paper Presented at the 20th Annual Babson College-Kauffman Foundation Entrepreneurship Research Conference, Boston, MA, 2000.

[46] Gabrielsson J, Politis D. Work experience and the generation of new business ideas among entrepreneurs [J]. International Journal of Entrepreneurial Behaviour & Research, 2012, 18 (1): 48-74.

[47] Gaimon C, Bailey J. Knowledge management for the entrepreneurial venture [J]. Production and Operations Management, 2013, 22 (6): 1429-1438.

[48] Gannon M, Smith K, Grimm C. An organizational information-processing profile of first-movers [C]. University of Maryland at College Park, 1991.

[49] Gartner W B. A conceptual framework for describing the phenomenon of new venture creation [J]. Academy of Management Review, 1985 (10): 696-706.

[50] Haber S, Reichel A. Identifying performance measures of small ventures—The case of the tourism industry [J]. Journal of Small Business Management, 2005, 43 (3): 257-287.

[51] Hamilton E. Entrepreneurial learning in family business [J]. Journal of Small Business and Enterprise Development, 2011, 18 (1): 8-26.

[52] Harrison R T, Leitch C M. Entrepreneurial learning: Researching the interface between learning and the entrepreneurial context [J]. Entrepreneurship Theory and Practice, 2005 (7): 351-371.

[53] Harry J S. Procedural justice in entrepreneur-investor relations [J]. Academy of Management Journal, 1996, 39 (3): 544-574.

[54] Hayek F A. The use of knowledge in society [J]. American Economic Review, 1945, 1115 (4): 519-530.

[55] Hayes R H, Abernathy W J. Managing our way to economic decline [J]. Harvard Business Review, 1980, 58 (4): 67-77.

[56] Helfat C E, Lieberman M B. The birth of capabilities: Market entry and the importance of prehistory [J]. Industrial and Corporate Change, 2002, 11 (4): 725-760.

[57] Hindle K, Klyver K. Exploring the relationship between media coverage and participation in entrepreneurship: Initial global evidence and research implications [J]. International Entrepreneurship and Management Journal, 2007, 3 (2): 217-242.

[58] Holcomb T R, Ireland R D, Holmes Jr. R M, et al. Architecture of entrepreneurial learning: Exploring the link among heuristics, knowledge, and action [J]. Entrepreneurship Theory and Practice, 2009, 33 (1): 167-192.

[59] Holt D H. Entrepreneurship: New Venture Creation [M]. New Jersey: Prentice-Hall, 1992.

[60] Honig B, Davidsson P, Karlsson T. Learning strategies of nascent entrepreneurs [J]. Journal of Competence-Based Management, 2005, 1 (3): 67-88.

[61] Hunt D P. The concept of knowledge and how to measure it [J]. Journal of Intellectual Capital, 2003, 4 (1): 100-114.

[62] Jean L, Wenger E. Situated Learning: Legitimate Peripheral Participation [M]. Cambridge: University of Cambridge Press, 1991.

[63] Jensen M, Zajac E J. Corporate elites and corporate strategy: How demographic preferences and structural position shape the scope of the firm [J]. Strategic Management Journal, 2004, 25 (6): 507-524.

[64] Katz D, Kahn R L. The Psychology of Organizations [M]. New York: HR Folks International, 1966.

[65] Katz J A. The chronology and intellectual trajectory of American entrepreneurship education [J]. Journal of Business Venturing, 2003 (18): 283-300.

[66] Kazanjian R. Relation of dominant problems to stages of growth in technology-based new ventures [J]. Academy of Management Journal, 1988, 319 (2): 257-279.

[67] Kimberly J, Evanisko M. Organization innovation: The influence of the individual, organizational, and contextual factors on hospital adoption of technological and administrative innovations [J]. Academy of Management Journal, 1981 (24): 689-713.

[68] Kirzner I M. Competition and Entrepreneurship [M]. Chicago: University of Chicago Press, 1973.

[69] Kirzner I M. Perception, Opportunity and Profit [M]. Chicago: University of Chicago Press, 1979.

[70] Koberg C S, et al. Facilitators of organizational innovation: The role of life-cycle stage [J]. Journal of Business Venturing, 1996, 11 (2): 133-149.

[71] Kogut B, Zander U. Knowledge of the firm, combinative capabilities, and the replication of technology [J]. Organization Science, 1992, 3 (3): 383-397.

[72] Kolb D A. Experiential Learning: Experience as the Source of Learning and Deceloment [M]. Englewood Cliffs: Prentice Hall, 1984.

[73] Kraaijenbrink J. Integrating knowledge and knowledge processes: A critical incident study of product development projects [J]. Journal of Product Innovation Management, 2012, 29 (6): 1082-1096.

[74] Lave J, Wenger E. Siruared Learning, Legitimate Peripheral Participarion [M]. Cambridge: Cambridge Universiry Press, 1991: 73-74.

[75] Liñán F, Chen Y W. Development and cross-cultural application of a specific instrument to measure entrepreneurial intentions [J]. Entrepreneurship Theory and Practice, 2009, 33 (3): 593-617.

［76］Low M B, MacMillan I C. Entrepreneurship: Past research and future challenges ［J］. Journal of Management, 1988, 14 (2): 139-161.

［77］Lumpkin G T, Lichtenstein B B. The role of organizational learning in the opportunity-recognition process ［J］. Entrepreneurship Theory and Practice, 2005, 29 (4): 451-472.

［78］Lussier R N. A nonfinancial business success versus failure prediction ［J］. Journal of Small Business Management, 1995, 33 (1): 8-20.

［79］Lydon S R. Entrepreneurial leadership in high-technology firms: Toward a competency-based model ［D］. Washington: George Washington University, 2001.

［80］Man T W Y. Developing a behavior-centred model of entrepreneurial learning ［J］. Journal of Small Business and Enterprise Development, 2012, 19 (3): 549-566.

［81］Man T W Y. Exploring the behavioral patterns of entrepreneurial learning: A competency approach ［J］. Education+Training, 2006, 48 (5): 309-321.

［82］March J G, Simon H A. Cognitive limits on rationality ［M］// Organizations. New York: John Wiley, 1958: 136-171.

［83］March J G. Exploration and exploitation in organizational learning ［J］. Organization Science, 1991, 2 (1): 71-87.

［84］Martin B C, McNally J J, Kay M J. Examining the formation of human capital in entrepreneurship: A meta-analysis of entrepreneurship education outcomes ［J］. Journal of Business Venturing, 2013, 28 (2): 211-224.

［85］Martinez M A, Aldrich H E. Networking strategies for entrepreneurs: Balancing cohesion and diversity ［J］. International Journal of Entrepreneurial Behaviour & Research, 2011 (17): 7-38.

［86］McCrea S M, Wieber F, Myers A L. Construal level mind-sets moderate self-and social stereotyping [J]. Journal of Personality and Social Psychology, 2012, 102 (1): 51.

[87] Michael C. Constructivism and the problem of reality [J]. Journal of Applied Developmental Psychology, 1999, 20 (1): 31-43.

[88] Miller D, Friesen P. Strategy-making and environment: The third link [J]. Strategic Management Journal, 1983, 4 (3): 221-235.

[89] Minniti M, Bygrave W. A dynamic model of entrepreneurial learning [J]. Entrepreneurship Theory and Practice, 2001, 25 (3): 5-16.

[90] Minniti M. Entrepreneurship and network externalities [J]. Journal of Economic Behavior and Organization, 2005, 57 (1): 1-27.

[91] Mitchell R K, Busenitz L, Lant T, et al. Toward a theory of entrepreneurial cognition: Rethinking the people side of entrepreneurship research [J]. Entrepreneurship Theory & Practice, 2002, 27 (2): 93-104.

[92] Mitchell R K, Busenitz L W, Bird B, et al. The central question in entrepreneurial cognition research [J]. Entrepreneurship Theory and Practice, 2007, 31 (1): 1-27.

[93] Nerkar A, Robert P W. Techonogical and product-market experience and the success of new product introductions in the pharmaceutical industry [J]. Strategic Management Journal, 2004, 25 (8/9): 779-785.

[94] Njoroge C W, Gatungu J M. The effect of entrepreneurial education and training on development of small and medium size entreprises in Githunguri District-Kenya [J]. International Journal of Education and Research, 2013, 1 (8): 1-22.

[95] Noel T W. Effects of entrepreneurial education on intent to open a business: An exploratory study [J]. Journal of Entrepreneurship Education, 2002 (5): 3-13.

[96] Nonaka I, Takeuchi H. The Knowledge-Creating Company: How Japanese

Companies Create the Dynamics of Innovation ［M］. New York: Oxford University Press, 1995: 312-313.

［97］ Ozgen E, Baron R A. Social sources of information in opportunity recognition: Effects of mentors, industry networks, and professional forums ［J］. Journal of Business Venturing, 2005, 22 （2）: 174-192.

［98］ Patel P C, Fiet J O. Knowledge combination and the potential advantages of family firms in searching for opportunities ［J］. Entrepreneurship Theory and Practice, 2011, 35 （6）: 1179-1197.

［99］ Petkova A P. A theory of entrepreneurial learning from performance errors ［J］. International Entrepreneurship Management Journal, 2009, 5 （4）: 345-367.

［100］ Popta G. Entrepreneurial learning ［R］. SCALES-paper N200216, 2002.

［101］ Plato. Dialogues ［M］. Oxford: Clarendon Press, 1953.

［102］ Politis J D. The influence of managerial power and credibility on knowledge acquisition attributes ［J］. Leadership and Organizational Development Journal, 2005, 26 （3）: 197-214.

［103］ Rae D, Carswell M. Towards a conceptual understanding of entrepreneurial learning ［J］. Journal of Small Business and Enterprise Development, 2001, 8 （2）: 150-158.

［104］ Rae D. Action learning in new creative ventures ［J］. International Journal of Entrepreneurial Behaviour & Research, 2012, 18 （5）: 603-623.

［105］ Rae D. Entrepreneurial learning: A narrative - based conceptual model ［J］. Journal of Small Business and Enterprise Development, 2005, 12 （3）: 323-333.

［106］ Rae D. Entrepreneurial learning: A conceptual framework for technology - based enterprise ［J］. Technology Analysis & Strategic Management, 2006, 18 （1）: 39-56.

［107］Rae D. Understanding entrepreneurial learning: A question of how? ［J］. International Journal of Entrepreneurial Behavior & Research, 2000, 6（3）: 145-159.

［108］Ravasi D, Turati C. Exploring entrepreneurial learning: A comparative study of technology development projects ［J］. Journal of Business Venturing, 2005（20）: 137-164.

［109］Reuber A R, Fischer E M. Understanding the consequences of founders' experience ［J］. Journal of Small Business Management, 1999, 37（2）: 30-45.

［110］Reynolds P, Bosma N, Autio E, et al. Global entrepreneurship monitor: Data collection design and implementation 1998-2003 ［J］. Small Business Economics, 2005（24）: 205-231.

［111］Richard O, Barnett T, Dwyer S, et al. Culture diversity in management, firm performance, and the moderating role of entrepreneurial orientation dimensions ［J］. Academy of Management Journal, 2004（47）: 255-266.

［112］Roxas B. Effects of entrepreneurial knowledge and its effects on entrepreneurial intentions: Development of a conceptual framework ［J］. Asia-Pacific Social Science Review, 2008, 8（2）: 61-77.

［113］Roxas B. Effects of entrepreneurial knowledge on entrepreneurial intentions: A longitudinal study of selected South-east Asian business students ［J］. Journal of Education and Work, 2014, 27（4）: 432-453.

［114］Sandberg W, Hofer C. Improving new venture performance: The role of strategy, industry structure, and the entrepreneur ［J］. Journal of Business Venturing, 1987, 2（1）: 5-28.

［115］Sarasvathy S D, Kotha S, Hall M. Effectuation in the management of Knightian uncertainty: Evidence from the real networks case ［EB/OL］. http: //

www. effectuation. org, 2007.

[116] Sarasvathy S D. Causation and effectuation: Toward a theoretical shift from economic inevitability to entrepreneurial contingency [J] . Academy of Management Review, 2001, 26 (2): 243-263.

[117] Sardana D, Kemmis S. Who learns what? A study based on entrepreneurs from biotechnology new ventures [J] . Journal of Small Business Management, 2010, 48 (3): 441-468.

[118] Schank R, Abelson R. Scripts, Plans, Goals and Understanding [M] . New Jersey: Lawrence Earlbaum Associates, Hillsdale, 1977: 37-38.

[119] Schumpeter J A. The Theory of Economic Development [M] . Cambridge: Harvard University Press, 1934.

[120] Shaker A Z, Harry J S. Entrepreneurship and dynamic capabilities a review, model and research agenda [J] . Journal of Management Studies, 2006 (43): 917-955.

[121] Shane S, Venkataraman S. The promise of entrepreneurship as a field of research [J] . Academy of Management Review, 2000, 25 (1): 217-226.

[122] Shane S. A General Theory of Entrepreneurship: The Individual-Opportunity Nexus [M] . Aldershot, UK: Edward Elgar, 2003.

[123] Shane S. Prior knowledge and the discovery of entrepreneurial opportunities [J] . Organization Science, 2000, 11 (5): 448-469.

[124] Shane S. Reflections on the 2010 AMR decade award: Delivering on the promise of entrepreneurship as a field of research [J] . Academy of Management Review, 2012, 37 (1): 10-20.

[125] Shepherd D A, De Tienne D R. Prior knowledge, potential financial reward, and opportunity identification [J] . Entrepreneurship Theory and Practice,

2005, 29（1）: 91-112.

［126］Shepherd D A, Douglas E J, Shanley M. New venture survival: Ignorance, external shocks, and risk reduction strategies ［J］. Journal of Business Venturing, 2000, 15 （5）: 393-410.

［127］Sherkat A, Chenari A. Assessing the effectiveness of entrepreneurship education in the universities of Tehran province based on an entrepreneurial intention model ［J］. Studies in Higher Education, 2020 （3）: 1-19.

［128］Shrader R. Influences on and performance implications of internationalization by publicly owned U. S. new ventures: A risk taking perspective ［D］. Americus: Georgia State University, 1996.

［129］Smilor R W. Entrepreneurship: Reflections on a subversive activity ［J］. Journal of Business Venturing, 1997 （12）: 341-346.

［130］Stuart R W, Abetti P A. Impact of entrepreneurial and management experience on early performance ［J］. Journal of Business Venturing, 1990, 5 （3）: 151-162.

［131］Solesvik M. Entrepreneurial motivations and intentions: Investigating the role of education major ［J］. Education & Training, 2013, 55 （3）: 253-271.

［132］Sowa J F. Conceptual Structures: Information Processing in Mind and Machine ［M］. Addison-Wesley, Reading MA, 1984: 82-90.

［133］Starr J, Bygrave W. The assets and liabilities of prior start-up experience: An exploratory study of multiple venture entrepreneurs ［C］ // Churchill N, Bygrave W, Covin J, Sexton D, Slevin D, Vesper K, Wetzel W. Frontiers of Entrepreneurship Research. Babson College, 1991.

［134］Stein E W. Organizational memory, socio-technical framework and empirical research ［D］. Dissertation: University of Pennsylvania, 1989.

［135］Sullivan E V. Transformative Learning: Educational Vision for the 21 st

Century ［M］. Toronto: Ontario Institute for Studies in Education Press, 2000.

［136］ Sveiby K E. A knowledge-based theory of the firm to guide in strategy for-mulation ［J］. Journal of Intellectual Capital, 2001, 2 (4): 344-358.

［137］ Tardieu L. Knowledge and the maintenance of entrepreneurial capability ［D］. Center for Economic Analysis, University of Aix-Marseille, 2003.

［138］ Thompson E R. Individual entrepreneurial intent: Construct clarification and development of an internationally reliable metric ［J］. Entrepreneurship Theory and Practice, 2009, 33 (3): 669-694.

［139］ Timmons J A. New Venture Creation (5th Edition) ［M］. Boston: Irwin McGraw-Hill, 1999.

［140］ Timmons J A, Spinelli Jr. New Venture Creation ［M］. Boston: McGraw-Hill Company Inc. , 2004.

［141］ Toft-Kehler R, Wennberg K, Kim P. Practice makes perfect: Entrepre-neurial-experience curves and venture performance ⌊J］. Journal of Business Ventu-ring, 2013 (1): 1-18.

［142］ Turban E. Expert Systems and Applied Artificial Intelligence ［M］. New York: Macmillan, 1992: 21-22.

［143］ Ucbasaran D, Lockett A, Wright M, et al. Entrepreneurial founder teams: Factors associated with member entry and exit ［J］. Enterpreneurship Theory and Practice, 2003, 27 (2): 107-126.

［144］ Ucbasaran D, Westhead P, Wright M, et al. The nature of entrepreneur-ial experience, business failure and comparative optimism ［J］. Journal of Business Venturing, 2010, 25 (6): 541-555.

［145］ Van Gelderen M, Thurik R, Bosma N. Success and risk factors in the pre-startup phase ［J］. Small Business Economics, 2005, 24 (4): 365-380.

[146] Wang C L, Chugh H. Entrepreneurial learning: Past research and future challenges [J]. International Journal of Management Reviews, 2014 (16): 24-61.

[147] Watson J. Modeling the relationship between networking and firm performance [J]. Journal of Business Venturing, 2007 (22): 852-874.

[148] West III G P, Gemmell R M. Learning behaviors across levels in new ventures and innovation outcomes [J]. Journal of Small Business Management, 2021, 59 (1): 73-106.

[149] Westhead P, Ucbasaran D, Wright M. Experience and cognition: Do novice, serial and portfolio entrepreneurs Differ? [J]. International Small Business Journal, 2005, 23 (1): 72-98.

[150] Westhead W M. Novice, serial and portfolio founders: Are they different? [J]. Journal of business venturing, 1998, 13 (3): 173-204.

[151] Widding L. Building entrepreneurial knowledge reservoirs [J]. Journal of Small Business and Enterprise Development, 2005, 12 (4): 595-615.

[152] Wiersema M F, Bantel K A. Top management team demography and corporate strategic change [J]. Academy of Management Journal, 1992, 35 (1): 91-121.

[153] Wong A D. New venture creation and its evolvement [J]. Euro Management Journal, 1993, 13 (45): 269-334.

[154] Woolf H. Webser's New World Dictionary of the American Language [M]. Springfield, MA: G&C Merriam, 1990.

[155] Wright M, Stigliani I. Entrepreneurship and growth [J]. International small Business Journal, 2013, 31 (1): 3-22.

[156] Xiao Z, Tsui A S. When brokers may not work: The cultural contingency of social capital in Chinese high-tech firms [J]. Administrative Science Quarterly,

2007, 52（1）：1-31.

　　［157］Yli－Renko H, Autio E. Social capital, knowledge acquisitions, and knowledge exploitation in young technology－based firms［J］. Strategic Management Journal, 2001, 22（6-7）：587-613.

　　［158］Young J E, Sexton D L. Entrepreneurial learning：A conceptual frame-work［J］. Journal of Enterprising Culture, 1997, 5（3）：223-248.

　　［159］Zahra S A, Ireland R D, Hitt M A. International expansion by new venture firms：International diversity, mode of market entry, technological learning, and performance［J］. Academy of Management Journal, 2000, 43（5）：925-950.

　　［160］Zozimo R, Jack S, Hamilton E. Entrepreneurial learning from observing role models［J］. Entrepreneurship & Regional Development, 2017, 29（9-10）：889-911.

　　［161］蔡莉，单标安. 创业网络对新企业绩效的影响——基于企业创建期、存活期及成长期的实证分析［J］. 中山大学学报, 2010（4）：189-197.

　　［162］蔡莉，单标安. 中国情境下的创业研究：回顾与展望［J］. 管理世界, 2013（12）：160-169.

　　［163］蔡莉，单标安，汤淑琴，等. 创业学习研究回顾与整合框架构建［J］. 外国经济与管理, 2012, 34（5）：1-9+17.

　　［164］蔡莉，郭润萍. 转型经济情境下新企业知识整合模型构建［J］. 吉林大学社会科学学报, 2015, 55（3）：59-67+172.

　　［165］蔡莉，汤淑琴，马艳丽，等. 创业学习、创业能力与新企业绩效的关系研究［J］. 科学学研究, 2014, 32（8）：1189-1197.

　　［166］陈彪，蔡莉，陈琛，等. 新企业创业学习方式研究——基于中国高技术企业的多案例分析［J］. 科学学研究, 2014, 32（3）：392-399.

　　［167］陈传明，孙俊华. 企业家人口背景特征与多元化战略选择——基于中

国上市公司面板数据的实证研究［J］. 管理世界, 2008 (5): 124-133.

［168］陈逢文, 付龙望, 张露, 等. 创业者个体学习、组织学习如何交互影响企业创新行为——基于整合视角的纵向单案例研究［J］. 管理世界, 2020, 36 (3): 142-164.

［169］陈佳贵. 关于企业生命周期与企业蜕变的探讨［J］. 中国工业经济, 1995 (11): 5-11.

［170］陈文婷. 创业学习、知识获取与创业绩效——基于家族第二代企业家的研究［D］. 大连: 东北财经大学博士学位论文, 2010.

［171］陈燕妮. 创业行动学习的特征与效能机制研究［D］. 杭州: 浙江大学博士学位论文, 2013.

［172］陈燕妮, 王重鸣. 创业行动学习过程研究——基于新兴产业的多案例分析［J］. 科学学研究, 2015, 33 (3): 419-431.

［173］方世健, 杨双雄. 国外创业学习研究前沿探析和未来展望［J］. 外国经济与管理, 2010 (5): 2-4.

［174］付宏, 肖建忠. 创业学习与新创企业成长——浦东的案例［J］. 管理案例研究与评论, 2008, 1 (6): 48-59.

［175］何华. 创业学习对创业绩效的影响机制研究［D］. 南宁: 广西大学硕士学位论文, 2014.

［176］何文韬, 郭晓丹. 创业培训、主观情绪与创业意向——行为转化［J］. 经济与管理研究, 2016, 37 (6): 137-142.

［177］胡厚全. 企业家精神与中国经济增长: 基于历史传承的视角［J］. 系统工程理论与实践, 2022 (6): 1481-1496.

［178］李华晶, 张玉利. 高管团队特征与企业创新关系的实证研究——以科技型中小企业为例［J］. 商业经济与管理, 2006, 40 (5): 9-13.

［179］刘依冉, 杨俊, 郝喜玲. 创业认知: 研究现状和展望［J］. 现代管

理科学，2014（12）：100-102.

[180] 龙丹，姚晓芳．新企业生成研究综述［J］．经济理论与经济管理，2012（11）：58-67.

[181] 倪宁．创业失败与创业知识转化模式的关系研究［D］．上海：上海交通大学博士学位论文，2006.

[182] 倪宁，王重鸣．创业学习研究领域的反思［J］．科研管理，2005，26（6）：94-98+72.

[183] 倪宁，杨玉红．从知识的形式化表征到创业知识的属性［J］．科学学研究，2011，29（4）：557-564.

[184] 蒲明，孙德升．创业者知识继承与衍生企业创生研究——基于创业要素的观点［J］．科技与管理，2013，15（5）：49-53.

[185] 单标安．基于中国情境的创业网络对创业学习过程的影响研究［D］．长春：吉林大学博士学位论文，2013.

[186] 单标安，蔡莉，鲁喜凤，等．创业学习的内涵、维度及其测量［J］．科学学研究，2014，32（12）：1867-1875.

[187] 单标安，陈海涛，鲁喜凤，等．创业知识的理论来源、内涵界定及其获取模型构建［J］．外国经济与管理，2015，37（9）：17-28.

[188] 单标安，于海晶，费宇鹏．创业激情对新企业成长的影响研究——创业学习的中介作用［J］．南方经济，2017（8）：84-99.

[189] 汤淑琴．创业者经验、双元机会识别与新企业绩效的关系研究［D］．长春：吉林大学博士学位论文，2015.

[190] 汤淑琴，蔡莉，陈彪．创业者经验研究回顾与展望［J］．外国经济与管理，2014，36（1）：12-19.

[191] 田莉，龙丹．创业过程中先前经验的作用解析——最新研究成果综述［J］．经济理论与经济管理，2009（11）：41-45.

［192］田莉，薛红志．创业团队先前经验、承诺与新技术企业初期绩效
［J］．研究与发展管理，2002，21（4）：1-9.

［193］田莉，张玉利．基于创业团队先前经验的新技术企业市场进入战略选
择研究［J］．管理科学，2012，25（1）：1-14.

［194］王建中．创业环境及资源整合能力对新创企业绩效影响关系研究
［D］．昆明：昆明理工大学博士学位论文，2011.

［195］王杰民．创业学习对创业意愿影响的路径研究［D］．长春：吉林大
学博士学位论文，2015.

［196］王竞一，张东生．先验知识对创业机会识别的影响研究——风险感知
的调节作用［J］．工业技术经济，2016（10）：94-101.

［197］王克芳．先验知识对机会识别影响机理实证研究［D］．成都：西南
财经大学硕士学位论文，2011.

［198］王巧然，陶小龙．创业者先前经验对创业绩效的影响——基于有中介
的调节模型［J］．技术经济，2016，35（6）：24-34.

［199］王瑞，薛红志．创业经验与新企业绩效：一个研究综述［J］．科学
学与科学技术管理，2010（6）：80-84+99.

［200］魏江，沈璞，樊培仁．基于企业家网络的企业家学习过程模式剖析
［J］．浙江大学学报（人文社会科学版），2005，35（2）：150-157.

［201］吴春波，曹仰锋，周长辉．企业发展过程中的领导风格演变：案例研
究［J］．管理世界，2009（2）：123-137.

［202］谢雅萍，陈睿君，王娟．直观推断调节作用下的经验学习、创业行动
学习与创业能力［J］．管理学报，2018，15（1）：57-65.

［203］谢雅萍，黄美娇，陈小燕．国外创业学习研究综述——基于认知、经
验、网络和能力视角研究的比较与融合［J］．技术经济，2014，33（1）：75-82+
124.

［204］徐进.中小企业创业者学习模式及其绩效影响研究［D］.杭州：浙江大学博士学位论文，2008.

［205］闫丽平，田莉，宋正刚.创业者成长期望、机会开发与新企业生成［J］.现代财经，2012（9）：84-94.

［206］杨俊.基于创业行为的企业家能力研究——一个基本分析框架［J］.外国经济与管理，2005，27（4）：28-35.

［207］杨俊，张玉利.社会资本、创业机会与创业初期绩效：理论模型的构建与相关研究命题的提出［J］.外国经济与管理，2008，30（10）：17-31.

［208］伊查克·爱迪思.企业生命周期［M］.赵睿，译.北京：中国社会科学出版社，1997.

［209］袁安府，潘惠，汪涛.企业家能力提高的途径［J］.自然辩证法通讯，2001（23）：48-54.

［210］张爱丽.先前知识和创业意图对创业机会识别的作用研究［J］.经济管理研究，2013（4）：66-72.

［211］张红，葛宝山.创业学习、机会识别与商业模式［J］.科学学与科学技术管理，2016，37（6）：123-136.

［212］张默，任声策.创业者如何从事件中塑造创业能力？——基于事件系统理论的连续创业案例研究［J］.管理世界，2018（11）：134-149+196.

［213］张秀娥，徐雪娇.创业学习与新创企业成长：一个链式中介效应模型［J］.研究与发展管理，2019（2）：11-19.

［214］张学华，陈志辉.中小企业家的学习模式研究——基于学校、教育系统的企业家学习模式［J］.企业经济，2005（1）：293-294.

［215］张玉利.新企业生成过程中的创业行为特殊性与内在规律性探讨［J］.外国经济与管理，2008，30（1）：8-16.

［216］张玉利，龙丹，杨俊，等.新生技术创业者及其创业过程解析——基

于 CPSED 微观层次随机抽样调查的证据［J］. 研究与发展管理，2011，23（5）：1-10+109.

［217］张玉利，王晓文. 先前经验、学习风格与创业能力的实证研究［J］. 管理科学，2011，24（3）：1-12.

［218］张玉利，杨俊，任兵. 社会资本、先前经验与创业机会［J］. 管理世界，2008（7）：91-102.

［219］赵天宇，任胜钢，常松龙. 基于创业阶段演化的创业者网络跨度与网络聚合的交互效应研究［J］. 软科学，2015，29（7）：16-20.

［220］赵文红，孙万清. 创业者先前知识对创业绩效的影响——基于创业学习的调节作用［J］. 软科学，2015，29（3）：23-27.

［221］周必彧. 创业学习、创业自我效能与大学生创业导向研究［D］. 杭州：浙江工业大学博士学位论文，2015.

［222］朱秀梅，陈琛，纪玉山. 基于创业导向、网络化能力和知识资源视角的新创企业竞争优势问题探讨［J］. 外国经济与管理，2010，32（5）：9-16.

［223］邹济，杨德林，郭依迪，等. 被孵企业知识共享治理：以智能制造孵化器洪泰智造为例［J/OL］. 南开管理评论，https：//kns. cnki. net/kcms/detail/12. 1288. F. 20220411. 1733. 004. html，2022-04-11.